대마왕 차 샘과 못 말리는 귀염둥이들

대마왕 차 샘과 못 말리는 귀염둥이들

초판 1쇄 펴낸날 | 2021년 6월 15일

지은이 | 차승민
펴낸이 | 홍지연
총괄본부장 | 김영숙
편집장 | 고영완
책임편집 | 한미경
편집 | 정아름 김신현 소이언
디자인&아트디렉팅 | 책은우주다
디자인 | 남희정 박태연
마케팅 | 강점원 최은
관리 | 정상희
인쇄 | 에스제이피앤비
펴낸곳 | 도서출판 우리학교
등록 | 제313-2009-26호(2009년 1월 5일)
주소 | 03992 서울시 마포구 동교로23길 32 2층
전화 | 02-6012-6094
팩스 | 02-6012-6092
이메일 | woorischool@naver.com

ISBN 979-11-90337-77-9 03370

대마왕 차샘과 못 말리는 귀염둥이들

차승민 지음

우리학교

이 책을 먼저 읽은 분들의 추천의 글

책을 펴자마자 귀염둥이들을 옴짝달싹 못 하도록 상대하는 대마왕 이야기에 웃으며 빠져들었는데 어느새 눈시울이 붉어진다. 혼자 읽으면 자신을 비추는 거울이 되고, 아이와 부모, 교사가 함께 읽으면 서로의 속을 들여다볼 수 있는 내시경이 되는 책이다. 우선 우리 반 귀염둥이들과 같이 읽고 싶다.

_정성식 | 이리고현초 교사, 「교육과정에 돌직구를 던져라」 저자

미어캣, 멧돼지, 노루, 수사슴, 까치, 고슴도치, 다람쥐, 나무늘보, 코알라 같은 못 말리는 귀염둥이들. 그들과 SAM(차 샘)이 함께한 짧으면서도 긴 여정이 유쾌하게 담겨 있다. 아이들과 함께 춤추자고 할 수 있는 교사이고, 대마왕이라니 부럽고 멋지다.

_한희정 | 서울정릉초 교사, 「초등학교 1학년 열두 달 이야기」 저자

차 샘을 떠올리면 제일 먼저 생각나는 것이 '믿음'이다. 아이들에 대한 믿음은 교사에게 가장 필요한 것이자 동시에 가장 갖기 어려운 것이다. 아이들 가슴을 누르고 있는 아픔을 마음 깊이 살펴 주는 데 그치지 않고 오히려 그것이 아이 성장의 밑거름이 되도록 차분히 이끌어 가는 모습이 책 속에 가득하다.

_천경호 | 성남서초 교사, 「마음과 마음을 잇는 교사의 말공부」 저자

차승민 선생님은 아이들과 눈높이를 맞춰서 농담과 재치로 주위를 밝히면서도 교육 전문가로서의 통찰력과 무게감을 잃지 않는 분이다. 교실의 씨앗과 거름으로 쓰임에 주저함이 없는 진짜 초등 선생님. 대마왕 차 샘과 귀염둥이들의 봄, 여름, 가을, 겨울의 교실살이가 흥미진진하다.

_김현희 | 대전상지초 교사, 「왜 학교에는 이상한 선생이 많은가?」 저자

차 샘이 제안하는 귀염둥이들의 문제 해결책은 의외로 정공법이다. 차 샘의 이야기가 아이들을 변화시키는 이유다. 이 책에 나온 일화들이 나처럼 아이들에 대한 고민이 깊을 때 떠올릴 누군가가 필요한 사람에겐 좋은 안내자가 되어 줄 것이다.

_이해중 | 광주운암초 교사, 「교실 심리학」 저자

"지금 저희 반 이야기 쓰신 건가요?" 난 옆 반에서 1년간 차 샘과 귀염둥이들의 밀당을 지켜봤다. 교실 현장에서 매년 만나는 귀염둥이들의 진짜 이야기. 쉽고 재밌어 술술 읽힌다. 교단에서 아이들을 위해 고뇌하시는 선생님들, 학교생활이 힘든 아이들 모두에게 강추한다.

_김지선 | 밀양밀성초 교사

선생님들을 위한 책이지만 아이들이 읽어도 좋겠다. 쉽고 재밌다. 읽다 보면 차 샘의 넓고 단단한 마음이 내게도 스민다. 읽고 나면 남는 게 있다. 이제 교실에서 어떤 아이를 만나도 더 잘 가르칠 수 있을 것 같다.

_문경민 | 『우투리 하나린』 저자

책에 들어갈 그림을 그리기 위해 원고를 읽는 동안 선물해 주고 싶은 학부모 친구들이 떠올랐다. 교사인 저자의 노력과 노련함, 노하우가 가득 든 책이다.

_박정섭 | 그림책 작가, 『감기 걸린 물고기』 저자

책을 읽다가 몇 번이나 멈추고 우리 반 귀염둥이를 떠올렸다. 이 책은 교사와 학생의 관계 맺음에 좋은 길잡이가 된다.

_김점선 | 삼기초 교사, 『신나는 책 쓰기 수업』 저자

열대 우림처럼 변화무쌍한 성장의 세계. 이 책을 읽으면 학생이든 교사든 모두 다 자신의 모습으로 자라난다는 것을 느낄 수 있다.

_전석희 | 순천연향중학교 교사

차 샘은 우리의 마음을 잘 알아주시는 샘이었다. 선생님은 자신의 생각도 잘 얘기해 주셨고, 우리의 생각도 잘 이해해 주셨다. 늘 우리의 입장을 생각해 주셔서 즐겁게 학교생활을 할 수 있었다.

_김정은 | 2020년 밀성초 6학년 제자

차 샘 반이라 너무 좋다. 수업할 때 차 샘은 재미있게 가르치시고 뭐든 다 알려 주신다. 거기다 무척 웃기는 선생님이다. 글씨 잘 못 쓰고, 금붕어 기억력을 갖고 있으며, 그림 못 그리면서 얼렁뚱땅 미술 수업 하시는 차 샘. 그래도 차 샘이 참 좋다.

_김효진 | 2021년 밀주초 6학년

들어가며

말썽꾸러기는 문제아가 아니다

어릴 적 어머니는 내가 잘못을 하거나, 당신의 속이 상하시거나, 자식 교육이 뜻한 대로 되지 않으면 이 말씀을 되뇌셨다.

'아이는 하루에 열두 번도 더 변한다.'

어머니의 이 말씀을 나는 교육 현장에서 이렇게 적용한다.

'우리 반 아이는 열두 번도 바뀌니 너무 조급해하지 마라.'

'우리 반 아이가 열두 번 바뀔 수 있도록 기회를 주라.'

하지만 오늘도 쉽지는 않다.

코로나19 때문에 바뀐 학교의 일상.

"저, 글자 모르는데요."

천연덕스럽게 담임이 보낸 문자를 못 본다던 6학년 아이는 어느새 화상 수업을 능숙하게 하고 있다.

대마왕 차 샘과 못 말리는 귀염둥이들

"패션으로 손톱 기르는 건데요."

아이디와 비번을 잊어버려 컴퓨터 접속을 못 한다는 아이를 도와주다가 긴 손톱을 보고 한마디 했더니 하는 말.

"패션이라니 알겠다. 내일은 손 깨끗하게 씻어서 때는 빼고 와라."

다음 날 아이는 손 씻기가 귀찮았는지 아예 손톱을 자르고 왔다.

등교하지 않고 화상 수업을 하면 가관이다. 늦잠 자서 못 들어온 아이, 까치집 머리 감추느라 후드 쓴 아이, 앞머리에 롤 말고 있는 아이, 접속 안 된다고 안 하는 아이, 비번 잊어버렸다는 아이, 어제는 됐는데 오늘은 안 된다는 아이(다시 시작하면 된다는 건 무슨 조화인지)……. 하루에도 열두 번 이상한 상황이 일어나고, 그 열두 번이 지나면 언젠가가 된다. 참 신기하다.

말썽꾸러기 녀석들일수록 변명하고, 회피하고, 피해 가다가도 어느 순간에 정확히 제자리로 돌아온다. 열두 번 변하는 중에 열한 번은 예상하지 못하거나 선생님인 내가 원하지 않는 방향이지만. 그러나 기다리면 결국 열두 번째에 변한다. 변해 놓고 천연덕스럽게 과거의 패악질(?)은 기가 막히게 까먹는다.

"이번에 실패해도 다음엔 성공할 것 같지? 그거 뻥이야. 다음에도 실패해."

7

들어가며

온라인 수업에서 아이들이 처음이자 마지막으로 가장 크게 웃음을 터뜨린 순간이다. 나는 아이들의 웃음에 고무되어 말을 잇는다.

"실패해서 좋은 점이 뭔지 아니? 다음에도 실패한다는 거야. 그런데 왜 이게 좋으냐? 실패는 하지만 이전보다는 조금 덜 실패하기 때문이야. 이렇게 무수히 실패하다 보면 어느 순간 성공하는 것이지. 물론 거의 대부분은 그냥 해 보는 거야."

온라인 수업에서 아이들이 가장 진지하게 들었던 부분이다.

아이는 하루에 열두 번도 더 변한다. 핵심은 변덕이 죽 끓듯 하는 아이에 있는 것이 아니라 그런 아이를 바라보는 어른의 자세에 있다.

나 차 샘은 말썽꾸러기를 '귀염둥이'라고 부른다. 그럼 이렇게 되물을 것이다.

'말썽을 부리는 것이 귀엽단 말인가?'

절대로 귀엽지 않다. 나 역시 말썽을 부리는 아이를 보면 밉다. 하지만 한 호흡 멈추고 다시 아이를 보면 말썽을 부리는 데는 나름 이유가 있다. 그 이유를 실마리 삼아 실타래를 풀듯 하나씩 푼다. 물론 공짜는 없다. 말썽을 부리느라 친 깽판에는 그에 합당한 대가를 치르게 한다. 다만, 벌주고 혼내는 것이 아니라 함께 풀어 나간다. 그 과정에서 아이가 부끄러움이나 후회를 느낀다면 벌은 그것으로 충분하다.

말썽이 문제의 핵심은 아니다. 문제는 누구를 만나 어떤 관계를 맺느냐다. 말썽꾸러기에서 '말썽'을 빼면 '꾸러기'가 남는다. 꾸러기는 귀엽다. 말썽을 말썽으로 여기지 않으면 꾸러기는 귀염둥이가 된다. 대마왕 차 샘은 그래서 말썽 부리는 귀염둥이가 좋다.

'요것 봐라!'

귀염둥이가 차 샘을 몰라보고 평소 하던 대로 말썽을 부린다면 혼내는 대신 한쪽 입꼬리를 슬쩍 올리며 묘한 미소를 짓고 바라본다.

'오늘도 심심하진 않겠어.'

하루에도 열두 번 변하는 아이의 그 순간이 매번 아름답지는 않다. 그러나 어떻게 변하든 귀염둥이 옆에는 차 샘이 함께한다. 이런 샘을 세상 처음 겪는 말썽꾸러기는 그걸 귀염둥이로 바라보는 차 샘의 모습에서 대마왕의 포스를 느낀다.

"물거나 해치지 않을게. 대신 대충 넘어가지 않을 테니 너도 대충 하지는 마. 그럼 시작해 볼까?"

평화로운 교실에서 귀염둥이와 대마왕 차 샘의 아찔한 줄타기는 오늘도 계속된다.

9

제2장

여름_자라다

제3장

가을_익다

제4장

겨울_열매를 남기다

봄 -
만나다

제1장

봄은 시작과 적응의 계절이다. 교실의 봄은 만남의 시작이고, 적응은 교육의 시작이다. 적응은 교사와 아이의 대면에서 출발한다. 3월의 첫 대면에서는 기대와 불안이 교차한다. 적응은 여기서부터 시작된다. 세상 희한한 선생님인 대마왕 차 샘과 좌충우돌 귀염둥이들의 살벌하면서도 유쾌한 만남과 적응 속으로 들어간다.

대마왕 차 샘을 만나다

새 학기의 첫날. 이제 막 6학년이 된 아이들은 들뜬 마음으로 교실에 들어온다. 이미 자신이 몇 반인지, 어떤 친구들이랑 같은 반인지는 알고 있다. 그러나 담임 선생님은 이름만 알 뿐 어떤 사람인지 모른다. 대마왕 차 샘! 선배들에게 물어보니 엄청 무섭다고도 하고, 재미있고 좋다고도 하는데, 갈피를 못 잡겠다.

"뭐? 대마왕 차 샘이라고? 넌 이제 죽었다. 그래도 해치거나 물지는 않으니까 1년 잘 해 봐."

한 선배가 키득거리며 말한다. 마치 놀리는 것 같은 기분이 든다. 얄밉다.

'쳇, 중학교 가서 엄청 독한 샘 만나라.'

속으로 저주 아닌 저주를 한다. 짐짓 아무렇지 않은 척하지만 6학년 교실에서 아이들은 조마조마한 마음으로 대마왕 차 샘을 기다린다.

드르륵.

처음으로 대마왕 차 샘을 본 순간! 아이들의 눈은 놀란 토끼 눈이 되고 여기저기서 '헉' 하는 소리가 들린다. 곰같이 커다란 덩치에 시꺼먼 얼굴을 한 남자 샘이다. 올 한 해 힘들겠다는 아이들의 마음속의 목소리가 들리는 듯하다.

차승민

칠판에 큼직하게 자기 이름을 쓰곤 교탁에 비스듬히 걸터앉아 자기소개를 한다.

"차 샘이라고 불러. 여기 앉아 있는 친구들 중에는 이전 학년에서 말썽꾸러기도 있을 거야. 차 샘은 이전 학년에서 모범생이었는지 말썽꾸러기였는지 별 관심 없어. 대신 지금부터 너희들의 말과 행동에 따라 평가할 거야. 그러니 잘했었다고 자만하지 말고 못했었다고 기죽지 마라."

아이들의 눈이 번쩍 뜨인다.

'우아, 멋지다. 작년에 선생님에게 혼난 거 모르겠지?'

차 샘이 살펴보니 작년에 말썽 좀 부렸다는 아이들이 여기저기서 눈짓을 하며 기뻐한다. 그래도 아이들은 아직 믿을 수 없다. 저 험상궂은 얼굴을 봐라. 어딜 봐서 선생님같이 생겼는가!

"오늘은 자기소개 하라고 안 할 테니 걱정하지 말고 차 샘 이야기만 들어."

차 샘의 말에 아이들은 안도의 한숨을 내쉰다.

"근데 왜 별명이 대마왕이에요?"

가장 호기심이 많은 아이가 용기를 내서 질문을 한다.

차 샘은 술술 자기 이야기를 한다. 믿을 수 없겠지만 반은 천사고 반은 대마왕이란다. 누구에겐 천사로 보이고 누구에겐 악마 같은 대마왕으로 보이는데, 자세한 건 1년을 함께 생활해 보면 알게 될 거란다. 덧붙여 스스로에게 솔직하지 않거나 대충 하려고 하면 대마왕을 볼 수 있다는 이상한 말도 한다.

하지만 얼마 지나지 않아 대마왕이 헛똑똑이란 것을 알 수 있었다. 그것도 차 샘이 스스로 고백을 했다.

차 샘이 못하는 것부터 알려 줄게.

첫 번째는 이름 기억하는 것. 단기 기억 상실증이 있어. 그래서 너희들의 이름을 잘 못 외워. 한 줄 외우면 한 줄 까먹고, 또 한 줄 외우면 또 까먹는 거지. 그래도 괜찮아. 10년 전까진 한 반 다 외우는 데 석 달 걸렸는데 요즘은 한 달이면 다 외워. 누군가를 3초 이상 쳐다봐도 오해하지 마. 그 친구의 이름을 까먹은 거니까 당황하지 말고 '제 이름은 누구입니다'라고 말해 주면 좋겠어.

두 번째는 글씨를 예쁘게 못 써. 차 샘은 칠판에 글자를 쓰며 수업하는 걸 좋아해. 지금 너희들이 보는 칠판 글씨는 그나마 수십 년 동안 갈고닦은 결과야. 그래도 알아볼 수 있을 정도로는 써 줄 테니 너희들이 적응해라.

세 번째는 수학을 엄청 잘 가르쳐. 다른 과목도 잘 가르치지만. 이해가 될 때까지 알기 쉽게 설명하는 건 기가 막힌단다. 하지만 수학 문제를 풀 때 덧셈이나 뺄셈을 틀릴 때가 있어. 그땐 너희들이 틀렸다고 말해 줘야 해. 집중 안 하면 내가 언제 틀릴지 모르니 방심하면 안 돼.

차 샘은 진지하면서도 뻔뻔스럽게 이야기하는데 아이들은 여기저기서 키득거리기 시작한다.

네 번째는 그림을 못 그려. 아직 나보다 그림을 못 그리는 아이를 본 적이 없다. 교육대학교를 다닐 땐 남들이 버린 그림을 주워서 냈는데, 내가 이전에 그린 것보다 훨씬 점수가 높더라. 그러니 너희도 그림 못 그린다고 주눅 들지 마라.

다섯 번째는 오리고, 자르고, 붙이기를 잘 못해. 이건 눈과 손이 따로 움직여서 그래. 그렇다고 선생님을 못하는 건 아니야. 대신 환경 정리를 할 것이 있으면 너희들이 도와줘야 해.

그림을 못 그린다고 하면 남학생들의 얼굴에 화색이 돌고, 환경 정리를 도와 달라고 하면 여학생들이 좋아한다.

여섯 번째는 오르간이나 피아노를 못 쳐. 그래서 선생님이 못 될 뻔했지. 남들보다 두꺼운 엄지손가락이 오르간의 검은 건반에 끼여서 피가 난 적도 있어. 당연히 악보도 잘 읽을 줄 몰라. 대신 노래방에서 노래 잘하는 비결은 아니까 그건 알려 줄 수 있어.

마지막으로 수업 시간에 딴소리를 많이 해. 그러니 너희는 잘 듣고 있다가 '내가 어디까지 이야기했지?' 이러면 꼭 알려 줘야 해.

이쯤 되면 차 샘을 처음 봤을 때의 두려움은 사라지고 아이들은 웃다가 광대가 아파 오는 지경이 된다.

'웃기는 샘이구나.'

근데 이상한 것이 있다. 저렇게 못하는 걸 아무렇지도 않게 알려 주다니 부끄럽지도 않나?

'잉, 그럼 저것 빼곤 다 잘한단 말인가?'

실쩍 소름이 돋는다. 그래도 못하는 건 못한다고 이야기해 주는 선생님을 만난 건 다행이다. 원래 선생님은 뭐든 다 잘하는 어른이니까.

아이들이 이런 생각을 하는 동안 조금 진지해진 차 샘은 몇 가지 당부를 한다.

너희에게도 못한다고 뭐라고 하지 않을 거야. 공부를 못하고, 그림을 못 그리고, 노래를 못 부르고, 운동을 못해도 뭐라고 하지 않겠다는 말이야. 능력이 안 되어서 못하는 것도 서러운데 지적당하고 혼나면 얼마나 억울하겠니? 대신 안 하는 건 지적할 거야. 공부 못한다고 공부하려는 시도를 하지 않거나, 그림이나 노래, 운동을 못한다고 시도조차 하지 않는다면 지적할 거야.

무엇을 하든 어떤 일이 생기든 차 샘은 너희를 믿을 것이며, 너희 편

에 설 것이다. 사사건건 간섭하고 따라다니면서 잔소리하지 않을 것
이다. 공부는 최대한 재미있게, 숙제는 최소한으로 낼 것이다. 대신
문제가 생기면 공정하게 처리하고 책임을 따질 것이다. 기회는 모두
에게 공평하게 주어진다. 즐겁게 학교생활을 하도록 노력해라. 단,
그에 대한 책임만 지면 된다. 어때, 할 수 있겠니?

학교에
야생 동물이 산다

"얘들아, 학교에 야생 동물이 있는 것 같아!"

차 샘은 오늘도 현장에서 야생 동물을 생포하지 못해 이를 간다. 쉬는 시간마다 우당탕거리며 복도를 질주하던 귀염둥이들은 차 샘의 냄새라도 맡는지 발소리만 나도 그 흔적조차 찾을 수 없다.

"차 샘, 진짜 학교에 야생 동물이 있어요?"

차 샘을 놀리기라도 하듯 귀염둥이 하나가 생글거리며 묻는다.

"학교에는 원래 여러 동물이 살고 있지. 근데 이 녀석들은 보통 동물들과 달리 가끔 사람 흉내도 내고 말도 한단다. 공부 시간엔 사람이었다가 쉬는 시간만 되면 동물로 변하는 희한한 생명체에 대해 알려 주도록 할게."

차 샘은 칠판에 각종 동물의 이름을 적는다.

미어캣, 멧돼지, 노루, 수사슴, 까치, 고슴도치, 다람쥐, 나무늘보, 코알라, 그리고 SAM.

에버랜드 사파리도 아니고, 교실에 야생 동물이 있다는 말에 수업은 이미 안드로메다로 가고 있다.

"근데 SAM은 뭐예요?"

"발음 나는 대로 읽어 봐. 야생 동물들이 우글거리는 사파리에서 최고 포식자야."

이런 건 자세히 설명 안 해 줘도 척하고 알아듣는 귀염둥이들.

"먼저 미어캣이야. 이 녀석은 포식자인 샘(SAM)이 오는지 오지 않는지 늘 감시하지. 멀리 복도에서 샘의 기척을 느끼는 순간 사바나의 동물들에게 알린단다. '야, 샘 온다!'"

교실 앞자리에 앉은 아이가 자기는 아니라고 손사래를 친다.

"그다음 동물은 멧돼지야. 먹을 것도 없는 복도에 떼로 나타나는 해로운 짐승이지. 주로 쉬는 시간이나 점심시간에 복도나 연결 통로에 떼를 지어 우르르 돌아다니고 자기들끼리 노는데,

가끔 꽥꽥거리다가 꾸~ 에~ 엑 하는 짐승 소리를 내며 즐거워한단다."

아이들 몇이 키득거리며 묘한 눈빛을 주고받는다.

"멧돼지들이 가장 무서워하는 포식자는 샘인데, 샘을 마주치자마자 순식간에 사라지고 말지. 학교 운동장에서 놀 땐 가끔 사람으로 변하기도 해."

평소 멧돼지 놀이를 하던 아이가 궁금증을 참지 못하고 물어본다.

"멧돼지가 샘에게 잡히면 어떻게 되나요?"

"좋은 질문이야! 멧돼지가 아이들에게 피해를 줄지 모르니까 잡히면 반쯤 죽여 놔야지."

차 샘은 멧돼지를 만나기라도 한 양 헤드록을 걸어 조르는 시늉을 한다.

몇몇 귀염둥이들이 자기 목을 만진다.

차 샘의 이야기는 계속 이어진다.

"다음은 노루야. 멧돼지처럼 걸어 다니지 않고 뛰어다니지. 바쁘지 않아도 뛴단다. 특히 줄을 설 땐 제일 앞에 서야 직성이 풀리는 동물이라 새치기하는 걸 즐기지. 근데 이건 새치기하는 다른 노루들이 제일 싫어하는 거야. 가끔 노루에서 멧돼지로 변신하는 놈들이 있어. 이런 동물을 발견하면 꼭 알려 줘."

"수사슴은 크고 아름다운 뿔을 가지고 있어 겉보기엔 멋진 동물이야. 이 녀석은 늘 짝짓기 상대를 찾느라 암사슴을 쫓아다니지. 그건 자연의 섭리라 자연스러운 일인데, 문제는 같은 수사슴끼리 매일 치고받아. 더 재미있는 건 암사슴은 별 관심이 없어. 치고받아 뿔이 엉키면 사람처럼 엉엉 운단다. 이럴 땐 포식자인 샘이 엉킨 뿔을 풀어 줘야 해."

"학교에 오는 까치는 날지 않고 집만 짓는단다. 주로 머리에 까치집을 짓지. 아침에 가장 크게 짓고 오후가 되면 좀 누그러들어. 보통 저학년 교실에서 자주 발견되는데, 올해는 6학년 까치는 나오지 않겠지? 까치가 머리에 지어 놓은 집을 가만히 보면 녀석이 잠을 어떻게 자는지도 추측할 수 있어. 특이한 점은 둥지는 있는데 알은 없다는 거야. 눈치가 생긴 까치는 모자나 후드로 감추기도 하는데 꼭 패션이라고 우겨. 가끔 경험 많은 까치는 물칠을 해서 둥지에 변화를 주는 능력이 있는데 그쯤 되면 거의 인간으로 진화한 상태지."

"고슴도치는 조금 불쌍한 동물이야. 누군가 자기를 괴롭히고 놀릴까 봐 가시를 세우고 다녀. 속마음은 사랑 받고 관심 받고 싶어 하면서도 친해지려고 하면 가시로 찌르고, 관심을 주면 몸을 공처럼 말아 쏙 숨어 버린단다. 자기 멋대로 돌아다니는 동물들이 많은 사파리에선 고슴도치는 늘 몸을 사리며 소리를 지르기도 해. 더 안타까운 건 구해 주려고 손을 내미는 샘에게도 가시를 세울 때가 있어. 그럴 땐 마음이 아파."

"다람쥐는 귀엽게 생겼지만 의외로 사고뭉치야. 특히 모으는 게 취미여서 별 희한한 걸 다 모으지. 절대 안 버려. 겨울잠을 잘 것도 아니면서 죽어라 모은단다. 주로 책상 속이나 사물함이 녀석의 창고야. 가끔 포식자인 샘에게 걸려서 그동안 모은 것들이 쓰레기통으로 향하기도 해. 버터나 치즈를 만들려는지 우유를 숨기기도 하는데, 그게 터지면 교실은 체험관으로 변하지. 더 놀라운 건 몇몇 다람쥐는 자라서 미어캣이나 노루로 변신하기도 한다는 거야."

"나무늘보는 모든 동작을 0.5배속 이하로 한단다. 큰 피해를 주지 않는 대신 포식자인 샘의 염장을 뒤집는 능력이 탁월해. 아무리 과제를 하라고 해도 천하태평인 경우가 많고, 잔소리를 들으면 특유의 해맑은 미소로 샘의 기운을 빼는 능력을 갖추고 있지. 근데 반전이 있어. 식당이나 집에 갈 땐 그 누구보다 행동이 빠르다는 거지."

"코알라는 나무늘보와 구분해야 해. 이 녀석은 엄마에게 찰싹 붙어살던 버릇이 있어서 겁도 없이 포식자 샘에게도 달라붙으려고 해. 억지로 떼어 놓으려고 하면 삐쳐서 샘을 당황하게 만들어."

사파리의 동물 이야기를 다 들은 귀염둥이들은 '맞아, 맞아'를 연발하며 서로에게 손가락질하며 키득거리기 바쁘다.

그 모습을 지켜보던 차 샘이 말한다.

"아직 다 못 한 동물들 이야기는 다음에 해 줄게."

"엥, 더 있다고요?"

"아직 멸치 떼와 고등어 이야기는 안 했다."

"이야기 꺼낸 김에 더 해 주세요."

"시끄럽다! 너희 속셈을 모를 줄 아냐? 수업 시간 많이 지났다. 이제 책을 펴라. 국어 교과서 24쪽~!"

차 샘의 말에 귀염둥이들은 아쉬움에 입맛을 다시며 수업 준비를 한다.

멸치 떼와 고등어

지원이는 외모에 관심이 많다. 지원이에게 외모는 인격이자 자존심이며, 삶 그 자체다. 그렇다고 공부를 안 하는 건 아니고, 귀염둥이 그룹도 아니다.

'아이고, 시끄러워 죽겠네.'

지원이는 자신은 쉬는 시간에 교실 안팎을 쓸고 다니는 야생 동물들과는 다르다고 여긴다. 기분이 안 좋을 땐 손거울을 꺼낸다. 휴대 전화로 비춰 보면 더 좋지만, 학교에선 켤 수 없으니 손에 쏙 들어오는 거울이 가장 좋아하는 아이템이다. 거울에 비친 얼굴을 보니 평소 자신의 얼굴이 아니다.

'뭐야? 머리카락이 다 엉켰네.'

그렇다. 지원이는 메신저 프로필에 있는 얼굴 사진이 진짜라고 여긴다. 여긴 비밀이 있다. 수십 번을 찍어 얻은 한 장의 사진에다 앱을 사용해서 뽀송뽀송하게 만든 후 입술에 빨간 포인트를 준다. 토끼 귀와 수염을 안 달았으니 이 정도는 생얼이다.

　꼬리빗을 꺼낸다. 꼬리빗은 꼬리를 자르는 게 센스다. 그래야 휴대하기도 편하고 손거울과 함께 파우치에 쏙 들어간다. 옆자리 수연이는 머리에 롤을 말고, 성신이는 아예 화장도 하지만, 자기는 생얼만으로도 충분하다고 여긴다. 정성스럽게 머리를 빗고 다시 손거울을 열어 본다. 상상하던 생얼이 나오지 않는다. 짜증이 밀려온다.

　'거울이 작아서 그래.'

　다시 꼬리빗으로 정성스럽게 머리 손질을 한 후 교실 뒤편 큰 거울로 간다. 입꼬리가 점점 더 꼬여 올라가고, 입술을 잘근잘근 씹는다. 슬슬 열이 오른다. 원하던 얼굴이 나오지 않는다.

　손거울을 쥐고 꼬리빗으로 머리 손질을 하며 복도로 나간다. 롤을 말던 수연이도, 화장하던 성신이도 제 일을 마쳤는지 지원이를 따라간다.

　여자 화장실 쪽 입구에는 2반 성윤이, 3반 지영이, 4반 남주와 해수가 있다. 모두 한 손에 손거울을 들고 꼬리빗으로 머리 손질을 하며 수다를 떨고 있다.

"안녕, 얘들아!"

학교 올 때도 함께 왔던지라 헤어진 지 불과 한 시간도 안 되었지만 복도에서 만난 친구들은 늘 새롭고 즐겁다. 수다를 떤다.

"BTS 오빠들 이번 신곡 멋지지 않냐? 오빠들 콘서트에 갈 수만 있으면 소원이 없겠다."

"어제 학원 선생님이 숙제를 너무 많이 내줘서 짜증 나."

"남주 너 5반 승기랑 썸 탄다는 소문이 있던데 진짜야?"

"엄마 때문에 속상해 죽겠어. 사사건건 시비질이야."

둥그렇게 원형 진을 친 여자아이들은 몇 번이나 말하고 들었지만 언제나 새로운 이야기처럼 받아 주는 서로를 너무나 좋아한다.

"어머~ 어떡해! 어머~ 속상하겠다!"

이런 추임새를 넣어 주는 건 우정을 돈독하게 해 주는 거라 잊으면 안 된다. 이렇게 수다를 떨다 보면 스트레스가 풀린다. 역시 좋은 친구들이다.

"어이 지원이, 잘 지냈어?"

지나가던 동수가 지원이의 어깨를 치며 친한 척한다. 여학생들이 노는 곳에 남학생이 오지 않는 것이 불문율인데, 동수는 늘 여학생들 노는 곳에 나타나 장난치듯 몸을 부딪치며 자신의 존재를 알린다.

대마왕 차 샘과 못 말리는 귀염둥이들

"아이 정말! 동수 너 왜 그러는데?"

지원이는 동수의 행동이 싫지는 않지만 보는 눈이 있으니 짜증이 난다는 듯 동수를 밀치며 등을 때린다. 그럼 동수는 괴로운 듯 과장된 동작으로 죽는 시늉을 한다.

그때 저 멀리 대마왕 차 샘의 우렁찬 목소리가 들린다.

"어이, 거기 멸치 떼들! 복도에 몰려 있으면 아이들이 지나가기 힘들잖아. 얼른 교실로 들어가라."

대마왕에게 깐족거렸다가는 뼈도 못 추린다는 걸 아는 센스 있는 여학생들이다. 어차피 말로는 못 이긴다. 우르르 여자 화장실로 피신한다. 제아무리 악독한 대마왕도 여기는 못 들어온다는 걸 안다.

'쳇, 애들이 우릴 피해 다니면 되지. 우린 잘못한 것이 없어. 우리가 좀 친할 뿐이지 나쁜 짓을 하는 건 아니잖아. 샘들 눈만 피하면 되지 뭐.'

"샘, 왜 하필이면 우릴 멸치 떼라고 부르세요?"

어느 날 궁금한 건 참지 못하는 지원이가 수업 시간에 차 샘에게 물어본다.

"너희는 즐겁게 노는 중이지. 서로 좋은 친구라고 생각하고 말이야. 떠들고 노느라 너희 목소리가 점점 커진다는 건 모르더

라. 그 모습이 바다에서 파닥파닥하는 멸치 떼와 비슷해."

차 샘의 말에 아이들은 기분이 좀 상한다.

'인어도 아니고 멸치라니!'

"그래도 나쁜 짓을 하는 건 아니잖아요."

"물론 나쁜 짓은 아니야. 오히려 서로서로 위해 주고 기쁜 일이 생기면 함께 하고, 슬픈 일은 위로하는 좋은 친구들이지."

차 샘의 예상 밖의 인정과 칭찬에 어안이 벙벙하지만 어쨌든 잠시 상했던 기분이 회복된다. 하지만 여기서 꼬리를 내릴 차 샘이 아니다.

"서로가 너무 친하다고 생각해서 비밀을 공유하고 대화를 이어 가기 위해 소재를 찾다 보면 자연스럽게 다른 사람들의 뒷담화를 하더라고. 근데 지원이 너 동수랑 사귀냐?"

지원이는 갑자기 훅 들어오는 차 샘의 말에 말문이 막혔지만 여기서 멈추면 인정하게 된다.

"무슨 소리 하시는 거예요? 동수랑 사귀긴요. 안 사귄다고요!"

"그래? 거참 이상하다."

"뭐가 이상하단 거예요?"

"보통 여학생, 남학생은 이상하게 서로 엮이기 싫어서 상대를 꼭 불러야 할 땐 성을 붙여 부르거든. '야, 김동수!' 이렇게 말이야."

듣고 보니 동수한테는 성을 붙여 부르지 않는다는 사실을 깨달은 지원이는 눈을 동그랗게 뜨고 듣는다.

"거기다 여학생, 남학생은 서로 같이 놀지도 않아. 그랬다간 또 이상하게 엮이니까."

"근데 엮이는 게 뭐예요?"

"몰라서 묻는 거냐?"

이럴 때 싱글싱글 웃으며 말하는 차 샘을 보면 참 얄밉다.

"서로 사귄다고 의심을 받는 거지. 친절하게 대했을 뿐인데 사귄다고 오해를 받는 경우가 있으니 아예 이성을 대할 때 쌀쌀맞게 대하는 거야."

생각해 보니 지원이도 동수가 아닌 다른 남학생은 주변에 얼씬도 못 하게 했다.

"사귀는 거 아니거든요."

지원이는 단호하게 말한다.

"누가 뭐랬니? 그런 과정을 겪으며 사귀는 아이들이 있다는 거지. 근데 멸치 떼 주위에 몰리는 것이 뭔지 아니? 바로 고등어야."

"멸치 떼와 고등어는 어떤 관계가 있어요?"

"실제로는 고등어가 멸치를 잡아먹지만, 학교에 나타나는 멸치와 고등어는 좀 특별하단다. 멸치 떼 주위를 빙글빙글 돌아다니던 고등어가 특정한 멸치에게 계속 관심을 보이더란 말이지. 몸을 부딪치면서 말이야."

이상한 논리로 멸치와 고등어를 엮는 대마왕에게 지원이는 동수와 아무 사이 아니라고 거듭 말하지만 대마왕은 그저 실실 웃는다. 그러고는 쿨하게 한마디 남기고 자리를 떠난다.

　"잘되길 바란다."

좋은 친구는 뿅 하고
나타나는 게 아니야

'좋은 친구가 생겼으면 좋겠다.'

수경이는 교실에서 늘 외롭다. 단짝 친구가 없기 때문이다. 공부도 열심히 하고 생활 태도도 크게 흠잡을 데 없는데도 다른 아이들에게 다가가는 게 쉽지 않다. 작년에 단짝 친구가 전학을 갔을 때는 얼마나 슬펐는지 모른다. 그 친구와 가끔 연락을 주고받지만 이제 새 학년이 된 수경이는 학교생활을 같이 할 새로운 친구가 필요하다.

오늘도 조용히 자리를 지키며 상냥하고 마음씨 좋은 친구가 말을 걸어 주기를 기다린다.

진아는 친구가 많다. 친구들과 어울려 수다도 떨고 놀러도 다

닌다. 그러나 친구들과 헤어져 혼자 있을 때면 찾아오는 어색함이 싫다. 그래서 친구들과 밤늦도록 단체 카톡을 하는지도 모른다. 친구는 많지만 자기편이 되어 줄 단짝 친구가 없다는 생각에 가끔 우울하다.

"좋은 친구는 어떤 친구야?"

어느 날 차 샘이 물었다. 새 학기에 어떤 친구를 만나고 싶은지, 우리 반은 어떤 반이 되었으면 하는지 등도 물었다. 그러고는 아이들에게 자신의 의견을 포스트잇에 적어 칠판에 붙이게 했다. 포스트잇에 적힌 내용을 살펴보면 공부를 잘하고, 예쁘거나 잘생기고, 멋진 친구들이 모여 행복하게 지내는 반만을 원하는 것은 아니었다. 또한 좋은 친구는 어떤 친구냐는 차 샘의 질문에는 '친절한 친구' '상냥한 친구' '자기 마음을 잘 이해해 주고 받아 주는 친구' '바른말, 고운 말을 하는 친구' '어려운 일이 생겼을 때 도와주는 친구'라고 답했다.

핵심은 친구였다.

"죽고 싶다는 말을 일기에 써 보았거나 말로 해 본 적이 있는 사람 손 들어 봐."

차 샘이 친구 이야기를 하다가 느닷없이 이런 질문을 던진다. 아이들은 당황한다.

대마왕 차 샘과 못 말리는 귀염둥이들

"죽고 싶다는 말을 한다고 해서 실제로 죽으려고 시도한다는 것은 아니야. 무언가 엄청나게 힘든 순간이 생겼을 때 하는 말이지. 웃고 떠들며 즐겁게 지내는 것 같은 아이들도 죽고 싶다는 생각이 들 때가 있을 거야. 그러고 보면 어른들은 너희들이 뭘 고민하는지 잘 모를지도 몰라. 다시 한번 물어볼게. 죽고 싶다는 생각을 해 본 사람은 손 들어 봐."

많은 아이들이 손을 든다. 손을 들지 않은 아이들은 놀라서 주위를 두리번거린다.

"아이들이 이런 말을 하는 걸 들으면 어른들은 소스라치게 놀라지만 알고 보면 많은 아이들이 죽고 싶을 만큼 힘들어하는 때가 있더라. 어떨 때 이런 생각이 가장 많이 들었니?"

하필이면 대마왕은 수경이에게 질문을 한다.

"친구와 헤어졌을 때가 가장 힘들었어요."

쭈뼛거리며 뭔가 할 말을 찾던 수경이는 용기를 내어 한마디한다.

"단지 놀기 위해서 친구가 필요한 아이는 놀이가 끝나고 헤어지면 그만이지만, 한두 명의 절친을 소중하게 여기는 아이는 친구 맺는 것도 어렵고, 한번 맺으면 깊이 사귀지. 그래서 그런지 꼭 이런 친구들은 영혼을 공유하는 의식을 하더라. 진실 게임이라는 거 들어 봤니?"

"그게 뭔데요?"

승수가 호기심을 참지 못하고 묻는다.

"좋아하는 것과 싫어하는 것을 서로 이야기하고 하나씩 맞춰보는 거지. 좋아하는 연예인, 과목, 심지어는 색깔과 별자리도 맞춰 봐."

몇몇 아이들이 알 듯 모를 듯한 웃음과 눈짓을 주고받는다.

차 샘이 진아를 보며 말한다. 진아도 손을 들었다.

"진아는 친구들에게 인기가 많은데도 죽고 싶다는 생각을 해 봤다는 게 의외구나."

"친구가 많아서 좋긴 한데요. 늘 좋은 일만 있는 건 아니잖아요. 친구들끼리 사소한 오해가 생기면 꼭 저한테 하소연을 해요. 들어주고, 화해시키고 그러다 풀리면 같이 놀다 오해가 생겨 다투곤 하죠. 즐겁기도 하지만 피곤하고 힘든 일도 많아요."

진아는 솔직하게 털어놓는다.

친구는 사귀고 싶고, 사귀다 보면 힘이 들고, 무엇보다 내 마음을 잘 알아주고 이해해 주며 어떤 순간에도 자기편이 되어 줄 친구를 찾기 위해 아이들은 치열한 노력을 한다. 아이들의 삶이 고단하고 힘든 건 여기에도 이유가 있다.

"상담을 하다 보면 특이한 느낌을 받을 때가 있어. 너희들처럼 샘 질문에 대답을 잘 해 주면 좋은데 그렇지 않고 간을 보는 아이들이 있거든. 이런 느낌이지. '어이 차 샘, 제 마음을 알아맞혀 보세요. 제가 듣고 싶은 말만 해 주시고 듣고 싶지 않은 건 묻지 마세요.'"

"에이, 그런 게 어디 있어요? 아무리 대마왕 샘이라도 그건 불가능하잖아요."

역시 승수가 추임새를 넣어야 제맛이다.

"맞아, 승수야. 그런데 이런 친구를 원하는 아이들이 있어. 이런 아이들은 진정한 친구를 사귀기 어렵지."

수경이와 은영이를 비롯한 많은 여학생들은 정신이 번쩍 든 듯이 집중하고, 남학생들 역시 전혀 들어 보지 못한 판타지 이야기인 듯 흥미롭게 듣는다.

"실제로 이런 친구가 있다면 어떤 모습일까? 묻지도 따지지도 않고 척 보면 친구의 마음이 어떤지 알 수 있다면 그건 사람이 아닌 신이 아닐까? 어쩌면 만날 수 없고, 찾을 수 없는 친구를 원하는 것일지도 몰라. 눈앞에 보이는 친구는 마음속에 그리던 이상형 친구가 아니니 사귈수록 실망할 수밖에 없지. 대신 좋은 친구를 사귈 수 있는 방법이 있는데, 한번 해 볼래?"

마다할 이유가 없는 대마왕의 제안이다.

"방법은 아주 간단해. 너희가 먼저 좋은 친구가 되어 주는 거야."

"그게 뭐예요? 또 저희가 속은 건가요?"

승수는 어이없다는 표정을 지으며 말한다.

"아니야. 잘 생각해 봐. 너희가 바라는 좋은 친구는 이미 다 알고 있고, 칠판에 이렇게 붙여 뒀잖아. 친절하고, 상냥하며, 다른 사람을 이해해 주고, 바른말 고운 말 쓰면서 도움 주는 친구라면서. 너희들이 먼저 이런 친구가 되는 거야. 왜 좋은 친구가 하늘에서 뚝 떨어지거나 뿅 하고 갑자기 나타날 거라고 생각해? 세상엔 공짜가 없어. 그런 친구는 나타나지 않아. 친절하고 상냥한 말과 행동, 이해하려는 태도, 그것을 고운 말 바른말로 나타내야 하니 자연스럽게 욕은 안 하겠지? 이런 행동 자체가 다른 친구에게 도움 주는 거 아니니?"

차 샘의 이야기를 듣고 아이들은 멍해진다. 이제 좋은 친구를 사귀는 방법은 알겠는데 구체적으로 뭘 해야 할지는 아직 모르겠다.

방과 후 수경이가 용기를 내어 차 샘을 찾아온다.

"전 좋은 친구를 사귀고 싶어요. 근데 수업 시간에 말씀해 주신 대로 전 욕도 안 하고, 공부도 열심히 하고, 샘 말씀도 잘 듣는데 왜 친구가 안 생길까요? 전 좋은 친구가 될 수 없을까요?"

수경이의 말은 자못 비장하다. 조금만 더 건드리면 툭, 눈물을 흘릴 것 같다.

"수경아, 용기를 내 줘서 고마워. 너에게 한 가지 부족한 것이 있어. 바로 먼저 다가가는 거야. 친구들에게 먼저 다가가는 연습을 해 봐."

"친구들이 안 받아 주면 어떻게 하죠? 전 그게 가장 두려워요."

"어렵다는 것 알아. 그래서 머뭇거렸고 샘한테 찾아온 걸 보면 수경이도 갈등하고 있는 거야."

"어렴풋이 알 것 같지만 그래도 어려워요."

"친구 사귀는 방법을 모르는 게 아니잖아. 두려움이 큰지, 아니면 친구를 사귀려는 욕망이 더 큰지 자신에게 좀 더 솔직해져 봐. 두려움이 크다면 지금 상태를 유지해야 하고, 욕망이 크다면 다가가는 용기를 내야지. 이건 누구도 도와줄 수 없어. 네가 선택하는 거야."

수경이는 이제 무슨 말인지 이해했다는 표정이다. 그리고 굳은 결심도 한다.

"그럼 친구에게 다가가서 무엇부터 해야 할까요?"

"수경이는 아침에 교실에 들어오면서 차 샘에게 인사를 하잖아. 늘 인사해 주는 수경이에게 좋은 인상을 받아. 똑같아. 친하게 지내고 싶은 친구들에게 인사를 해. ○○야, 반가워. 좋은 하루 보내. 밝은 표정을 지으며 인사를 하는 거야. 누군가에겐 쉬운 일이지만 수경이에겐 쉽지 않을지 몰라. 도전은 여기서부터야. 좋은 친구는 그냥 생기지 않아."

똑똑한 뀅과
멍청한 뀅의 이야기

"샘, 승원이가 청소 안 하는데요."

도원이는 다른 아이들의 잘못은 귀신같이 찾아낸다. 그렇다고 도원이가 역할 분담을 잘 하느냐? 그것은 아니다. 틈만 나면 도망칠 궁리를 하고 자기 잘못을 인정하기보다는 비슷한 잘못을 하는 다른 귀염둥이를 일러바치고 자신은 면죄부를 받으려 한다. 적어도 물타기 시도를 늘 한다.

"샘, 어제 원형이가 뭘 했냐면요. 다른 친구들 험담을 했어요."

상희는 아이들의 말과 행동을 면밀히 관찰해서 차 샘에게 실시간으로 중계하듯 알려 준다. 친구들이 잘한 게 아니라 약점 같은 흉보기에 가까운 것들이다. 그러고는 자신의 말에 차 샘이 관심을 보이고 잘못한 아이들을 혼내 주기를 기대한다. 그러나 누군가 자신의 행동을 차 샘에게 일러바치면 불같이 화를 낸다.

"도원이와 상희는 친구들을 참 잘 관찰해. 관찰력이 뛰어난 것도 큰 능력이야."

차 샘의 말에 도원이와 상희는 고개를 갸웃한다. 분명 칭찬 같은데 뒤끝이 씁쓸하다. 차 샘은 말을 잇는다.

"차 샘이 직접 본 건 이니니까 너희들 말만 믿고 혼낼 순 없지."

"잘못한 아이는 혼나야 하잖아요. 선생님이 그러면 안 되지 않나요?"

상희가 목소리를 높인다. 역시 상희는 도원이보다 한 수 위다. 칭찬을 바라고 한 것이 아니라 정의(?)를 수호하기 위해 정당한 일을 했고, 그에 맞게 대마왕도 엄정한 심판관을 하라는 압력을 대놓고 한다.

"차 샘은 지도하고 지적하는 어른이지 혼내기 위해 여기 있는 게 아니야."

무슨 뚱딴지같은 소리인가 싶어 잠시 어안이 벙벙하던 상희가 밀리지 않으려는 듯 한마디를 더 쏘아붙인다.

"지적하는 거나 혼내는 거나 같은 거 아닌가요?"

"지적은 모르거나 잊어버린 걸 알려 주는 것이고, 혼내는 건 감정을 상하게 하는 거니까 완전히 다른 거야. 차 샘이 잘못한 아이를 혼내 주었으면 해서 이렇게 알려 주는 거니?"

"그러니까 원형이가 험담했다고 알려 드렸으니 그걸 지적하시면 되잖아요."

"원형이가 한 행동이 잘못이라고 생각하니?"

"그러니까 샘에게 알려 드렸죠."

"그럼 왜 상희는 원형이에게 그 행동이 잘못되었다고 직접 말하지 않았어?"

느닷없는 차 샘의 공격에 상희는 더 이상 말을 잇지 못한다.

"오늘은 똑똑한 꿩과 멍청한 꿩 이야기를 해 줄게. 꿩은 하늘을 날지만 빠르게 날지는 못해. 천적인 매를 늘 경계하고, 하늘에서 매를 만나면 재빨리 땅으로 내려와 몸을 숨기지.

어느 날 꿩 두 마리가 하늘을 날다 매를 발견했어. 물론 매도 꿩을 발견하고 날아오기 시작했지. 소스라치게 놀란 꿩들은 재빨리 땅으로 내려왔어. 꿩은 심장이 터져 나갈 듯 쿵쾅거리고 두려웠어.

그런데 웬걸? 땅에 내려오니 숨을 만한 풀숲은 없고 얕은 풀밭에 구멍 뚫린 나무둥치 하나만 덩그러니 있는 거야.

두 꿩 중 한 녀석은 깊은 숨을 들이쉬더니 등을 땅에 붙이고 날개에 힘을 주고는 발톱을 세운 채 내려오는 매의 가슴을 노렸어. 사실 매는 꿩의 천적이지만 유일한 약점은 가슴이야. 날아야

47

하는 새는 몸이 가벼워야 하기 때문에 뼈가 다른 동물보다 덜 단단해. 거기에다 가슴에 있는 갈비뼈는 모든 새들의 가장 약한 부위지. 그래서 날카롭고 무서운 발톱과 살을 찢을 수 있는 매서운 부리로 약한 갈비뼈를 지키려 해.

'네가 아무리 무서운 매이지만 이렇게 죽을 순 없어.'

똑똑한 꿩은 무서워 죽을 지경이었지만 매의 유일한 약점인 가슴을 노리고 자신의 발톱을 세워 대항하는 거야.

또 다른 꿩 역시 무섭기는 마찬가지였어. 고개를 들어 하늘을 보니 매가 무서운 속도로 날아오는 거야. 심장이 쪼그라드는 것 같았어.

'아이코, 무서워라. 아이코, 무서워라. 매가 나를 죽일 거야. 어떻게 하지? 어떻게 하지?'

두려움이 커질수록 하늘은 노래지고, 시야는 좁아졌어. 먹이를 찾거나 짝을 찾을 땐 사방이 다 보였는데 매를 만나 겁을 내니 세상이 바늘구멍처럼 보이는 거야.

'앗, 저게 뭐야?'

숨을 곳을 찾아 허둥대던 꿩의 눈에 나무둥치에 난 작은 구멍이 보였어. 꿩은 옳다구나 싶어 구멍에 머리를 쑥 집어넣었어.

'아니, 이게 뭐야? 갑자기 눈앞이 깜깜해졌네. 어라, 매도 사라졌어!'

구멍에 머리를 처박은 꿩은 매가 사라졌다고 생각하고 덩실덩실 엉덩춤까지 췄지 뭐야.

한편, 매는 첫 번째 꿩을 향해 공격을 했어. 하지만 꿩은 두려움을 이기고 매의 가슴을 힘껏 걷어찼지.

'아이코, 아파라. 이놈의 꿩이 왜 이리 거세냐?'

매는 가슴을 부여잡고 놀라서 저 멀리 날아갔어. 그 틈에 바닥에 누워 있던 꿩은 잽싸게 도망을 갔어.

이 사실을 아는지 모르는지 나무 구멍에 머리를 처박고 있던 꿩은 이렇게 생각했지.

'아싸, 매가 사라지면 도망가야지. 룰루랄라.'

건너편 밭에서는 농부가 김을 매고 있었어. 매가 땅으로 내려와 푸드덕거리다 하늘로 날아가는 것을 의아하게 생각한 농부는 매가 내려앉은 곳으로 갔어. 그러다 신기한 장면을 목격한 거야. 통통하게 살찐 꿩 한 마리가 나무둥치 구멍 속에 머리를 처박고 엉덩춤을 추고 있는 게 아니겠어!

'오호, 세상에 이런 멍청한 꿩이 다 있나? 오늘은 재수가 무척 좋은 날이야.'

횡재한 농부는 꿩 모가지를 잡아 비틀어 허리춤에 묶어 버렸지.

누가 똑똑한 꿩이고 누가 멍청한 꿩인지 말 안 해도 알겠지?"

도원이와 상희는 영문도 모르고 똑똑한 꿩과 멍청한 꿩 이야기를 듣는다. 자신들을 빗대어 이야기하는 것 같은데 아무리 생각해도 멍청한 꿩이 자기 이야기일 거라고는 믿지 않는 눈치다.

"너희는 똑똑한 꿩에 가까울 것 같아? 아니면 멍청한 꿩에 가까울 것 같아?"

차 샘이 묻는다.

똑똑한 꿩이라고 하기엔 뭔가 켕기고, 그렇다고 멍청한 꿩이라고 하기엔 자존심이 허락하지 않는다. 도원이와 상희는 침묵으로 대응한다.

"차 샘도 너희가 어떤 꿩인지 잘 모르겠어. 관찰력을 좋은 방향으로 잘 살리면 똑똑한 꿩에게 배울 것이고, 관찰력을 엉뚱한 방향으로 쓰면 멍청한 꿩이 될 거야."

"관찰력을 엉뚱하게 쓴다는 것이 무슨 말인가요?"

도원이는 용기를 내서 물어본다.

"매서운 눈으로 남들을 관찰하면서 정작 그 시선으로 자신의 모습을 관찰하지 않는 것이지. 자신의 모습을 관찰하지 않으니 자신이 어떤 모습인지 몰라. 그러니 언젠간 멍청한 꿩처럼 위기가 오면 위기 앞에 당당하게 맞서지 않고 숨어 버리게 될 테지."

"그럼 전 어떻게 해야 하나요?"

"어떻게 해야 할지 찾는 게 너희가 할 일이야."

"차 샘이 가르쳐 주시면 안 될까요?"

"왜 내가 그걸 가르쳐 줘야 하니?"

"선생님이라면 알려 줘야죠. 그래야 선생님 아닌가요?"

듣고 있던 상희는 어이가 없다는 듯 소리친다.

"난 준비가 된 아이에게만 친절히 알려 준다. 그것도 예의 바른 아이에게만."

능글거리며 말하는 차 샘은 언제 봐도 밉다.

"자, 이젠 샘도 좀 쉬어야겠다. 준비가 되면 그때 다시 이야기하자. 그럼 이만."

콧노래를 부르며 자리에서 일어서는 차 샘을 어이없는 눈길로 바라보는 도원이와 상희는 고민에 빠진다.

'이게 뭐야? 근데 앞으로 어떻게 해야 하지?'

원 쿠션 생활 지도

당구는 자신의 수구(흰 공)로 두 개의 적구(붉은 공)를 맞히는 게임이다. 수구와 가장 가까운 적구를 맞힌 뒤 다른 적구를 맞히는 것이 가장 성공률이 높은 일반적인 공략법인데, 이것을 직접 치기라고 한다. 하지만 이 방법으로 공략할 수 없을 때는 수구를 벽쪽으로 쳐서 반사되어 나오는 각도를 예상하여 적구를 맞히는 방법을 쓰는데 이것이 원 쿠션 뱅크 샷이다.

이걸 생활 지도에 응용하면 이렇다. 차 샘이 주는 관심을 지적이라고 생각하는 귀염둥이는 본능적으로 경계심을 갖는다. 아무 생각 없이 적구(귀염둥이)에게 기술(?)을 걸면 적구가 수구(대마왕)의 진행 방향(의도)을 방해할 때가 있다. 이럴 땐 작전이 아닌 척

대마왕 차 샘과 못 말리는 귀염둥이들

엉뚱하게 기술을 걸거나, 멀리 있는 적구의 빈 공간을 먼저 공략해서 가까이 있는 적구를 노리는 방법을 쓴다. 즉 의도하고 지도할 때 생기는 귀염둥이의 심리적 방어를 최대한 무력화시키는 전술이다. 원 쿠션 뱅크 샷과 같은 간접 치기가 회피 기동에 능숙한 귀염둥이들을 지도하는 데 효과적일 때가 있다.

촐랑이, 투덜이, 삐짐이는 판타스틱 월드의 입주민이다. 판타스틱 월드란 어디인가? 교실 앞쪽 교탁 옆에 위치한 지역이다. 수업 중 차 샘의 은혜로운 아밀라아제가 튈 것 같은 가까운 거리에서 깊은 유대감(?)을 느낄 수 있고, 대마왕의 지극한 사랑과 관심을 받을 수 있으며, 꿈과 행복이 넘실거린다는 바로 그 환상의 나라가 판타스틱 월드다. 가끔은 포효하는 대마왕 때문에 스릴과 서스펜스가 넘치는 액션 활극이 벌어지기도 한다.

평소 남다른 귀염둥이 짓으로 판타스틱 월드 입주권을 따낸 투덜이와 삐짐이 그리고 촐랑이는 나름 잘 어울린다. 그러나 친구라 하기엔 뭔가 삐걱거리는 사이다. 삐짐이는 투덜이와 촐랑이를 싫어하고, 투덜이는 촐랑이와 삐짐이에게 욕을 하고, 촐랑이는 투덜이와 삐짐이가 놀린다고 고자질을 한다. 서로가 서로를 좋아하지 않으면서 뼈와 살이 붙은 것처럼 같이 논다.

삐짐이가 혼날 땐 투덜이와 촐랑이가 흐뭇하다. 투덜이가 혼날 땐 삐짐이와 촐랑이는 차 샘에게 추가 범행(?)을 고자질한다. 촐랑이가 혼날 땐 투덜이와 삐짐이는 고소해한다. 자기가 혼나지 않은 상황은 늘 즐겁다. 즉 남이 잘되는 꼴을 못 본다.

"촐랑이는 휴지를 잘 줍는구나."

"투덜이는 밥을 남김없이 잘 먹는구나."

"삐짐이는 줄을 잘 맞추네."

어쩐 일로 별것 아닌 것 같아 보이는 귀염둥이들의 행동에 대마왕은 칭찬을 아끼지 않는다. 그것도 수업 시간에 대놓고 칭찬하니 좋기는 한데 어안이 벙벙하다.

'헉, 이건 뭐지? 청소 한 번 한 것 가지고 왜 촐랑이가 칭찬을 들어?'(투덜이)

'투덜이한데 밥 잘 먹는다고 칭찬을 하다니!'(삐짐이)

'나도 줄 잘 서는데 왜 삐짐이만 칭찬하는 거야?'(촐랑이)

말은 하지 않아도 귀염둥이들은 자극을 받는다. 이에 차 샘이 다른 귀염둥이들의 잘못을 잘 모르기 때문에 그런 말을 한다고 생각하고 고춧가루 뿌리기에 나선다.

"촐랑이는 청소 잘 안 해요. 샘이 보니까 착한 척하느라 휴지 줍는 거예요."

투덜이의 고자질에 차 샘이 말한다.

"너나 잘하세요. 촐랑이는 원래 휴지 잘 줍고 청소 잘해. 앞으로도 잘할 거지, 촐랑아?

"저 원래 청소는 잘해요."

촐랑이가 뻐기며 말한다.

투덜이는 차 샘에게 정확한 정보를 주기 위해 영웅적인(?) 고자질을 했건만 돌아오는 건 칭찬이 아니라 불벼락이어서 입이 댓발이나 나오지만 대꾸할 말이 없다.

청소 시간이 되니 시키지 않아도 삐짐이와 투덜이도 청소를 한다.

밥을 잘 안 먹는 촐랑이를 위해 밥 잘 먹는 투덜이를 칭찬하고, 줄 안 서는 투덜이를 위해 줄 잘 서는 삐짐이를 칭찬한다. 칭찬이나 격려를 듣고 힘과 용기를 얻어 더 나은 행동을 하는 것이 일반적인데, 판타스틱 월드의 귀염둥이들은 남의 칭찬에 발끈하는 성질을 응용해서 원 쿠션 뱅크 샷을 하는 것이다.

여기서 투덜이와 촐랑이, 삐짐이의 속마음을 들어 보자.

투덜이

'촐랑이는 제대로 하는 것도 없이 촐랑거리기만 하는데 청소 잘한다고 칭찬을 들어? 촐랑이가? 어이가 없네. 청소 시간에 다른 애들이랑 장난치고 노는 거 봤는데 청소를 잘한다고? 차 샘이 뭘 몰라서 그렇다니까. 하긴 나도 가끔 청소를 안 하고 가기도 하지. 뭐 안 한다기보다는 그날따라 너무 바쁜 일이 있어 잠시 까먹은 것이긴 한데, 그럴 때마다 촐랑이가 고자질하는 것 같단 말이야. 청소 까짓것 내가 한다. 적어도 촐랑이에게 밀릴 순 없지.'

삐짐이

'투덜이가 밥을 잘 먹는다고 칭찬을 받아? 공부도 아니고? 밥 같은 건 나도 잘 먹을 수 있다고. 투덜이보다 더 잘 먹을 수 있다고. 사실 브로콜리를 잘 안 먹긴 해. 나만 그런가? 투덜이도 오이 잘 안 먹는데. 차 샘이 그것도 모르고 칭찬한 거야. 이건 나만 알고 있는 특급 비밀인데 차 샘에게 알려 주면 괜히 불똥이 튀니까 그냥 참는다. 차 샘, 밥 잘 먹을 테니 저도 봐 달란 말이에요.'

촐랑이

'와, 정말 억울하네. 삐짐이가 줄을 잘 선다고? 원래 내가 더 잘 서는데, 삐짐이가 한 번 잘한 것 가지고 칭찬을 하네. 삐짐이는 항상 늦게 오면서 꼭 먼저 서 있는 나한테 시비를 걸잖아. 물론 내가 일찍 줄 서려고 책상 뒷정리도 안 하고 화장실에서 손에 물 칠만 하고 오기도 해. 빨리 서려면 잽싸게 해야지. 삐짐이는 늦게

대마왕 차 샘과 못 말리는 귀염둥이들

오는 주제에 왜 차 샘에게 칭찬을 듣느냐고? 근데 이걸로 따지면 차 샘한테 잔소리 들을 테니 방법을 바꿔야겠어.'

대마왕

'녀석들 머리 굴리는 소리가 여기까지 들리는구나. 그렇지, 머리는 굴려야 맛이지. 요 녀석들아! 너희들이 판타스틱 월드에 왜 왔는지를 까먹었구나. 남들보다 능력이 떨어져서가 아니라 해야 할 기본적인 걸 안 해서야. 안 하는 거 핑계 대기는 잘 해도 남 잘 하는 것은 샘나지? 오냐, 대마왕 차 샘이 잘 놀아 줄게.'

판타스틱 월드에서 투덜이, 삐짐이, 촐랑이는 서로 물고 물리며 버라이어티한 생활을 한다. 날이 갈수록 남 흠집 잡기보다는 자기 생활에 충실한 것이 더 유리하다는 사실을 조금씩 알아간다.

"이번엔 판타스틱 월드에 있는 귀염둥이들이 이 문제를 풀어 보도록 하자."

수학 시간에 차 샘은 투덜이, 삐짐이, 촐랑이를 지목하여 문제를 풀라고 한다. 아이들은 죽을상을 짓는다. 문제를 푸는 걸 보니 그나마 촐랑이가 조금 낫다. 지켜보던 차 샘은 조용히 투덜이 뒤에 가서 속삭인다.

"잘 모르겠으면 옆에 있는 촐랑이에게 물어봐도 된다."

투덜이는 고개를 돌려 촐랑이를 쓰윽 한 번 본 후 고개를 가로젓는다.

"저도 자존심이 있죠."

"그래? 그럼 내가 알려 줄까?"

"괜찮아요."

"그럼 알아서 해 봐."

얼마 뒤 진단 평가 결과가 나왔다. 점심시간에 차 샘 옆에서 밥을 먹던 촐랑이가 뜬금없이 묻는다.

"샘, 몇 점 밑으로 나머지 공부 해야 한다고 했죠?"

대마왕은 촐랑이의 속셈을 간파한다.

"60점 이하지."

"60점은 나머지 공부 안 해도 되는 거죠?"

촐랑이가 가슴을 펴며 말한다. 그렇다. 수학 성적을 보니 촐랑이는 60점, 투덜이는 56점, 삐짐이는 52점이다. 촐랑이가 못을 박는다.

"60점이랑 56점, 52점은 완전 다르죠? 그죠?"

"그래 봤자 한 문제 더 맞히고 덜 맞힌 것뿐이잖아."

대마왕의 말에 촐랑이가 목소리를 높인다.

"레벨이 다르다니까요, 레벨이."

‘드디어 올 것이 왔구나.’

차 샘은 미소를 짓는다.

판타스틱 월드에 커다란 지각 격변이 생길 징조다. 촐랑이에게 지기 싫은 투덜이와 삐짐이는 이제 공부해야 할 가장 강력한 동기가 생겼다.

‘분하다! 촐랑이에게 지다니…….’

기고만장한 촐랑이를 외면하며 묵묵히 밥을 먹는 투덜이와 삐짐이의 이 깨무는 소리가 차 샘의 귀에 들리는 듯하다.

숙제를 못 한 정치적 사유, 종교적 신념, 개인적 의지

"차 샘, 진짜 숙제가 없어요?"

"야 이 녀석아, 왜 숙제가 없어? 오늘 공부한 것 중에 못 한 것을 마무리하면 그게 숙제지."

의심 많은 희혁이는 모든 걸 확인해야 직성이 풀린다. 희혁이는 차 샘 반에선 따로 숙제가 없다는 사실에 너무 행복해한다.

"그럼 수학 익힘책과 국어 시간에 못 한 글쓰기만 하면 되는 거죠? 더 내 주시지 않는 거죠?"

"무슨 의심이 그렇게 많아? 속고만 살았니? 그렇다니까."

입꼬리가 올라가는 건 희혁이뿐만이 아니다. 많은 귀염둥이들이 좋아한다.

"아침에 하는 단어 찾기는 숙제 아니에요?"

"단어를 찾는 건 매우 좋은 공부 습관이야. 하루에 열 개씩 모르는 단어를 찾고 그 뜻을 적다 보면 자연스럽게 공부가 된다. 특히 국어 공부의 핵심은 단어니까 꾸준히 하면 도움 될 거야."

"검사는 안 하나요?"

"그걸 왜 검사하니? 대신 잘 하고 있는지 점검은 해."

"점검요? 결국 검사하는 거잖아요."

"가끔 확인한다는 거지. 안 하면 너희들이 손해라는 걸 알려 줄 뿐이야."

일기 검사 안 하냐, 숙제는 얼마나 되느냐는 귀염둥이들에겐 초미의 관심사다. 배우는 것 이외에 따로 숙제가 없다는 것에 안도하지만 그 뒤에 숨겨진 비밀은 아직 모르는 귀염둥이들. 앞으로 어떤 시련이 닥칠지 꿈에도 생각하지 못한다.

과거에 비해 절대적인 숙제의 양은 적다. 그렇다고 귀염둥이들이 할 게 적으냐? 그렇지 않다. 학교 숙제는 적어도 학원 숙제가 적지 않다. 사실 숙제에 대한 오해도 많다. 숙제를 많이 내 주면 많이 내 주는 대로 민원이 들어오고, 숙제를 안 내 주면 안 내 준다고 민원이다.

"차 샘은 숙제 안 내 주는데?"

아이가 집에서 놀고 있는 모습을 보며 부모가 숙제에 대해 물으면 아이는 대뜸 이렇게 답한다. 이 말을 들으면 부모는 차 샘의 지도력에 의심이 생긴다. 귀염둥이 처지에서 보면 기가 막힌 한 수다. 차 샘 핑계를 대고 공부를 안 해도 되기 때문이다.

'배운 것을 마무리하자.'

'배운 것을 되짚어 보자.'

'배운 것만이라도 내 것으로 만들자.'

내마왕 차 샘의 이런 숭고하고 사려 깊은 교육 철학을 알 리 없는 귀염둥이들은 숙제가 없다는 사실에 룰루랄라 신이 난다. 하지만 칠판 귀퉁이엔 다음 시간까지 마무리해야 할 숙제 아닌 숙제가 적혀 있다.

수학 익힘책 32~33쪽. 국어 48쪽 친구에게 마음을 담아 글쓰기.

시간이 흘러 다음 시간이 되었다.

"수학 익힘책 다 했어?"

차 샘이 묻는다.

'아, 맞다!'

여기저기서 아이들의 헉 하는 소리가 교탁까지 들리는 듯하다. 아니나 다를까, 모두 숙제를 안 했다. 많아서 안 한 것이 아니라 적어서 안 한 것이다.

'얼마 안 되는데 좀 있다 하지 뭐. 게임 한 판만 더 하고.'

차마 노느라 못 했다는 말은 못 하니 이럴 땐 모른 척 버티는 게 최고다.

"잉? 지난주에도 안 해서 기회를 줬는데 이번 주에도 안 했다고? 안 한 녀석들은 교실 앞으로 나와라."

몇몇 귀염둥이들이 나오더니 급기야 교실의 절반이 나온다.

'휴, 다행이다. 이렇게 많이 숙제를 안 했으니 잔소리 좀 듣고 말겠지.'

이 상황에 익숙한 귀염둥이들은 히죽히죽 웃기까지 한다.

아이들이 하나둘 나오는 것을 보는 차 샘의 인상이 살짝 변한다.

"이것 봐라."

차 샘은 짧은 읊조림과 함께 칠판에 해골바가지를 그린다. 그리고 그 밑에 'DANGER'라고 쓴다.

'헉, 올 것이 왔나? 저게 선배들이 말하는 '단거'인가? 칠판에 저것이 적히면 피바람이 분다고 하던데……. 설마 오늘이 그날?'

해골과 DANGER를 바라보는 아이들의 눈빛과 표정이 묘하게 변한다. 그걸 아는지 모르는지 차 샘은 손가락 뼈마디를 똑딱거리고, 목과 어깨를 좌우로 돌리며 복싱인 듯 무에타이인 듯 현란한 주먹 동작과 발동작을 보여 준다.

'에이, 샘이 우릴 때리기야 하겠어?'

'숙제를 안 했다고 죽이진 않겠지?'

귀염둥이들은 겉으로는 아무렇지 않은 척하면서 머릿속으로
는 별별 생각을 다 한다. 몸 풀기가 끝난 차 샘은 뒷짐을 지고 왔
다 갔다 하면서 중대 발표를 한다.

"숙제가 없다고 하지 않았다. 꼭 해야 할 것만 내주고 확인한
다고 했다. 그렇지만 살다 보면 숙제를 못 할 상황도 생긴다. 숙제
를 못 한 사람들 중에서 다음의 세 가지 이유에 해당하는 정당한
사유가 있다면 인정해 주겠다."

귀염둥이들은 숙제 검사를 하지 않고 넘어가는 상황이 여러
번 반복되면 '이번에도 검사 안 하겠지?'라는 생각을 할 것이다.
그때쯤 쳐 놓은 통발을 들어 올리듯 숙제 검사를 하면 뭉텅이로
걸리기 마련이다. 하지만 숙제를 안 했다는 이유로 잔소리를 하
고 벌을 주면 그때뿐 정작 숙제는 안 해도 된다. 그렇다고 매번
철저히 숙제 검사를 하면 가르치고 배우는 데 자율성이 떨어지는
것은 물론 눈치 보는 아이가 된다. 따라서 통발을 들어 올리는 순
간에도 여지는 남겨 둔다.

귀염둥이들은 숙제를 안 해도 용서 받을 수 있는 정당한 사유
가 무엇인지 궁금해서 귀를 쫑긋한다.

"첫째, 숙제를 못 할 수밖에 없는 정치적 사유가 있느냐.

정치적 사유란 지금의 남북 대치 상황, 여야의 정치적 갈등 때문에 고민과 고뇌를 거듭하다 보니 숙제를 놓치게 되는 경우를 말한다."

그 어느 때보다 진지한 대마왕의 모습에 당겨진 활시위처럼 팽팽했던 긴장감이 풀린다. 고개를 숙이며 웃음을 참는 녀석들도 보인다.

"첫 번째 사유로 숙제를 못 한 사람은 없단 말이지. 그럼 다음 조건을 알려 주겠다. 둘째, 숙제를 못 할 수밖에 없는 종교적 신념이 있느냐다. 오늘 해야 할 숙제가 내가 믿는 신의 가르침이나 종교적인 교리에 맞지 않아서 숙제를 하면 종교적 신념을 어기는 것 같은 경우를 말한다."

당연히 두 번째 조건에 해당하는 아이도 없다.

"두 번째까지도 없단 말이지. 그렇다면 마지막 조건이다. 셋째, 숙제를 못 할 수밖에 없는 개인적 의지가 있느냐다. 세계 평화와 인류 공영에 이바지하느라 수학 익힘책 따위의 문제 풀이는 자신의 개인적 의지를 실현하는 데 걸림돌이 되기 때문에 못 한 경우를 말한다."

참았던 웃음이 여기저기서 터져 나온다. 숙제를 안 한 이유가 따로 있겠는가? 잊어버려서, 하기 싫어서 안 한 것뿐이다.

하지만 공개적으로 지적한 것에 대해선 귀염둥이들도 기분 나빠하거나 자존심 상해하지 않는다. 인정할 건 인정하고 들어야 할 지적이라면 받아들일 준비를 한다.

숙제를 하지 않은 귀염둥이들의 속마음은 이렇다.

'선생님, 숙제 못 한 것이 잘한 일이 아니란 건 알아요.'
'그래서 적당한 벌칙이라면 받을 수 있어요.'
'하지만 혼나는 건 체면이 깎이는 일이에요.'
'왜냐하면 다른 아이들이 절 이상하게 생각할지도 모르거든 요. 그게 두려워요.'

그럼 대마왕은 어떤 마음일까?

'숙제 한 번 안 했다고 해서 인생이 망가지거나 공부를 못 하게 되는 건 아니야.'
'하지만 숙제를 계속 안 하면 차 샘이 내주는 작은 지시를 어길 때 무엇으로 지적해야 하지?'
'이번에는 그냥 넘어갈 수 없어. 대신 게임에 져서 벌칙을 받는다고 생각해.'
'그러니 적당한 벌칙을 받고 다음부턴 제대로 해 와.'

이심전심 서로의 마음을 주고받은 귀염둥이들과 대마왕은 당면한 현실에 마주한다.

"샘, 근데 DANGER는 이걸로 끝난 건가요?"

"뭔 그런 섭섭한 말을 하니? 차 샘이 왜 몸을 풀었는지 잊었나 보구나. 말을 안 듣는 야생 동물을 만나 말이 통하는 순간이 왔으니 얼른 인간으로 환생시켜야지. 너 이리 와."

포획된 야생 동물을 인간으로 개조하는 대마왕의 거친 팔뚝에 힘이 들어가고 헤드록이 걸린 귀염둥이들의 처절한 비명은 복도 저 멀리 퍼져 나간다.

"꽤액~~~~ 꽥!"

우린 화단에
나간 적이 없는 거야

"샘, 우리 밖에서 수업하면 안 될까요?"

도원이가 몸을 비틀며 말한다. 따사로운 봄 햇살이 창문 넘어 넘실거리며 아이들을 나른하게 하고, 하필이면 실과 교과서엔 경제 식물과 나무에 대한 여러 가지 설명이 나와 교실 밖으로 나가고 싶은 유혹을 부추긴다.

"실제로 보면서 하면 공부가 더 잘될 것 같아요."

남북통일보다 더 어려운 것이 교실 남녀의 의견 일치다. 신라시대 화랑으로 빙의한 귀염둥이들은 어디서 화백 제도를 배웠는지 순식간에 만장일치를 만들었다. 차 샘만 허락하면 완벽한 시나리오라고 생각하지만 이건 간단한 문제가 아니다.

대마왕 차 샘과 못 말리는 귀염둥이들

"밖으로 나가는 건 문제가 아니야. 야외 학습을 하는 걸로 하면 되니까. 하지만 뭔가 걸리는 것이 있단 말이야."

차 샘의 말에 평소와는 다른 후끈한 열기가 교실에 가득 찬다. 그냥 한번 던져 본 야외 수업 제안이 어쩌면 현실이 될지도 모르기 때문이다.

'너희들만 공부하기 싫은 게 아니야.'

사실 대마왕도 오늘 같은 날 교실에 앉아 있긴 아깝다. 그렇다고 아이들을 데리고 나가면 또 다른 변수가 생긴다.

'차 샘 눈만 피하면 책임은 사라진다.'

차 샘이 밖에 나가자고 했으니 문제가 생겨도 귀염둥이들에게는 책임이 없다. 교실이 아니니 차 샘의 감시망은 약해질 것이고, 차 샘의 눈만 피하면 더없이 놀기 좋은 기회다.

밖에 나가고 싶은 마음은 귀염둥이들 못지않게 굴뚝같은 대마왕도 짐짓 능을 치며 뜸을 들이는 데는 다 그만한 이유가 있다. 이런 마음을 아는지 모르는지 귀염둥이들은 차 샘이 받아들일 만한 제안을 하기 시작한다.

"샘, 장난치지 않겠습니다."

"야외 수업은 노는 게 아니죠. 교과서와 필기구는 챙겨 가겠습니다."

"조용히 나가겠습니다. 다른 반 수업을 방해하지 않겠습니다.

차 샘이 '나갈까?' '귀찮은데 그냥 있을까?'를 반복하며 머뭇거릴 때마다 아이들은 애가 탄다.

"화단에 있는 식물들을 조사하면 어떨까요?"

도원이가 다시 기가 막힌 아이디어를 낸다.

"경제 식물과 잡초를 구별해 보면 더 잘 이해될 것 같은데요."

뒤이어 '조별로 모여서 하겠다' '관찰 결과를 스케치하겠다' 등 아이들의 온갖 제안이 쏟아져 나온다.

'그렇다면 한번 나가 볼까? 괜히 속는 게 아닌가 모르겠네.'

뜸은 다 들였다. 밖으로 나갈 생각에 눈이 먼 귀염둥이들은 자기들이 한 제안의 뒷감당은 말 그대로 뒷전이다.

"그럼 조별로 소리 소문 없이 탈출해서 화단 앞으로 모이도록. 특히 교장실, 교무실이 가까우니까 떠들면 죽음이다. 지금 즉시 출동!"

마침내 대마왕의 허락이 떨어졌다. 귀염둥이들은 즉시 특수 부대 요원으로 빙의하여 책과 필기구를 옆에 끼고 침묵의 보안을 유지한 채 은밀한 교실 탈주 작전을 감행한다.

"야, 떠들지 말고 가라니까."

"네 목소리가 더 크거든."

아이들은 티격태격하면서도 키득거리는 소리가 더 크게 울리는 복도와 계단을 지나 한 명의 낙오자도 없이 화단 앞에 모인다.

70

대마왕 차 샘과 못 말리는 귀염둥이들

"지금부터 화단의 식물들을 관찰하고 이름과 특징을 적어 보
도록 해라. 필요한 건 스케치를 해야 하는 것도 알지? 참, 하는 김
에 잡초가 있으면 뽑아도 좋아."

잡초를 뽑으라고 하면 안 하지만 뽑아도 된다고 하면 신나게
뽑는다. 하라는 건 안 하지만 해도 된다고 하면 좋아서 한다.

봄날 화단에는 생각보다 많은 식물들이 있다. 학교를 오가며
늘 봐 온 화단이지만 눈여겨보지 않아 잘 몰랐을 뿐이다. 봄 햇살
을 받아 싱그럽게 핀 꽃들과 돋아나는 새싹을 뽐내는 나무와 식
물들을 관찰하는 아이들은 신이 났다.

웬만한 식물들엔 이름과 특징이 적힌 패찰이 있어 조사하는
건 그리 어렵지 않다.

"이건 무슨 식물이에요?"

간혹 물어보는 아이들이 있으면 패찰을 보고 적당히 풀어서
설명해 주는 차 샘의 모습은 거의 식물원 원장급의 포스다.

"근데 이건 뭐예요?"

도원이가 뿌리째 뽑힌 풀을 하나 들고 온다.

"쑥이네. 쑥은 봄에 많이 올라오는 식물이야. 어린 싹은 봄나
물로 먹지만 이건 너무 자라서 먹을 순 없어. 대신 화단에선 잡초
와 같으니 다른 식물들을 위해서 뽑아 버리는 것이 좋겠다."

땅에 있는 제한된 영양분을 두고 경쟁해야 하는 경제 식물과

잡초의 관계를 설명히니 아이들은 고개를 끄덕인다. 잡초를 뽑아 화단을 정리해야 한다는 역사적 사명(?)을 띤 아이들은 눈에 불을 켜고 쑥을 뽑기 시작한다.

비닐봉지를 하나 구해 와서 아이들이 뽑은 쑥을 모아 보니 한 가득이다. 어느새 쑥 뽑기는 놀이가 되어 아이들은 화단 이곳저 곳을 누비며 쑥을 뽑는다.

'잉? 샘이 식물을 스케치하고 특징을 적으라고 했는데 풀 뽑 기만 하네.'

아이들은 잠시 이런 생각을 하지만 그때뿐 다시 잡초를 뽑는 다. 드디어 화단이 잡초 하나 없이 깨끗해졌다. 야외 학습을 한 효 과가 보이니 대마왕과 아이들은 더욱 의기양양하다.

놀며 배우며 일하며 두 시간이 훌쩍 지났다.

"자, 이제 정리하고 교실로 들어가자."

차 샘의 말에 아이들은 모은 쑥을 쓰레기통에 버리고 뒷정리 까지 말끔히 하고 교실로 들어간다.

한 시간쯤 지났을까.

통통통, 교실 스피커가 열리는 소리가 들린다. 교감 선생님 이다.

"아~ 아~ 일과 중에 죄송합니다. 긴급히 알려 드릴 것이 있습니다. 며칠 전 학교 화단에 심어 놓은 국화 모종을 뽑아서 쓰레기통에 버리는 일이 생겼습니다. 각 교실의 선생님들께서는 아이들이 장난치지 않도록 각.별.히 지도해 주시기 바랍니다. 다시 한번 알려 드리겠습니다~.”

갑자기 교실에 깊은 정적이 흐른다.

‘헉, 큰일 났다!’

귀염둥이들과 차 샘은 일순간 얼음이 되었다. 아이들이야 허락을 받고 했으니 별 문제 없지만 졸지에 차 샘이 귀염둥이 선생이 되었다. 위기의 순간이 찾아온 대마왕. 수업하던 책을 덮고 천장을 쳐다보며 깊은 한숨을 쉰다. 교탁 모서리를 움켜쥔 양손에 힘이 들어가고 어금니를 꽉 깨물며 결심한 듯 중대 발표를 한다.

“우린 화단에 나간 적이 없는 거야. 우린 국화 모종을 본 적이 없는 거야. 우린 쑥을 뽑았을 뿐이야.”

귀염둥이들은 짧은 순간에 이것이 뭘 의미하는지 깨닫고 차 샘을 향해 결탁의 눈빛을 보낸다. 이렇게 무덤까지 가지고 갈 비밀을 공유한 영혼의 동반자가 된다.

피의 맹세에 버금가는 귀염둥이 동맹체를 결성한 대마왕.

“만약 한 명이라도 교감 샘에게 걸리면 어떻게 하죠?”

이때만큼은 소년 탐정 김전일을 능가할 추리력을 보이는 도원이가 진지하게 묻는다. 숨을 죽이며 차 샘의 답을 기다리는 건 도원이뿐만 아니다. 모든 아이들의 눈망울이 차 샘의 입을 주목한다.

"만약 걸리면…… 음…… 6학년 5반이라고 해라."

유레카!

아이들의 얼굴에 화색이 돈다.

그날 이후 직원회의 시간에 교감 선생님은 한 번 더 분노의 당부를 한다. 그러고는 화단을 애지중지 아끼시던 교감 선생님은 급기야 모형 CCTV를 화단 위에 설치한다.

'화단 보호 CCTV 감시 중.'

학교 화단의 국화 모종 절단 사건은 이렇게 미궁 속으로 빠져 미제 사건으로 남았다. 다행히 한 명도 걸리지 않았다. 위기 뒤에 기회가 온 것일까. 그날 이후 대마왕 차 샘과 귀염둥이들 사이엔 생사고락을 함께한 끈끈한 전우애 같은 게 생겼다.

콕 집어 알려 주는 '귀염둥이' 대처법

교실에는 크게 세 부류의 학생이 있다. 교사의 지도가 필요 없는 모범생, 어느 날은 착했다가 어느 날은 말썽을 부리는 평범한 학생, 그리고 사사건건 문제를 일으키는 말썽꾸러기. 이 책에서는 말썽꾸러기를 '귀염둥이'라고 표현했다. 교사가 이들 말썽꾸러기를 어떻게 가르치고 이끄느냐에 따라 1년 학급 경영의 성패가 결정된다고 해도 크게 틀린 말은 아니다. 어떻게 하면 말썽꾸러기를 진짜 귀염둥이로 만들 수 있을까?

먼저, 말썽은 지나가는 과정이라고 생각한다.

학급 담임을 하다 보면 1년에 두 번 정도 위기가 찾아온다. 1차 위기는 새 학기가 시작되고 어느 정도 새로운 환경에 적응했을 때다. 친구들의 얼굴을 익히고 교사의 성향도 파악했을 무렵 학생과 학생 혹은 학생과 교사 간에 숨겨 왔던 문제가 밖으로 드러난다. 그러다 여름방학이 지나고 2학기 후반쯤 되면 다시 2차 위기가 온다. 그동안 해소되지 않은 다툼이나 나태함 등이 원인이다.

교사는 작은 말썽이 문제 상황으로 발전하지 않도록 그때그때 필요한 조치를 취해야 한다. 그리고 무엇보다 말썽을 지나가는 과정, 즉 성장통의 하나로 보는 시각이 필요하다. 아이들은 자기 나이에 맞게 몸과 마음의 진통을 겪으며 성장하는 중이다. 그리고 말썽을 일으킨 아이를 지나치게 위험하게 생각하지 않는 것도 중요하다.

둘째, 말썽은 관리가 가능하다.

아무리 아이들이 말썽을 부린다고 해도 학교 폭력이나 교권 침해에 해당하는 경우는 전체의 1퍼센트 이하다. 지도가 필요한 아이라고 해도 10퍼센트 내외에 불과하다. 대부분의 아이들은 교사나 부모의 눈치를 살피며 말썽, 즉 '낯선 행동'을 하는 정도다.

왜 아이가 '귀염둥이 짓'을 하는지 이해하려면 한 발 떨어져서 살펴봐야 한다. 아이가 말썽을 부리는 정도와 강도, 그리고 빈도 등을 구체적으로 살펴본다. 이때 간단하게라도 상담 일지를 쓰면 도움이 된다. 이름, 일시, 말썽의 내용 등을 3~4줄 정도로 적는다. 교사의 감정은 최대한 배제하고 객관적인 사실만을 기록하는 것이 중요하다. 이렇게 적다 보면 아이의 말썽 정도가 개선되고 있는지 아닌지를 알 수 있으며, 이를 바탕으로 적절한 솔루션을 해줄 수 있다. 표준화된 심리 검사를 활용하는 것도 도움이 된다.

셋째, 관심과 사랑이 필요하다.

물론 아이들에 대한 관심과 사랑만으로 모든 것이 해결되지는 않는다. 말썽꾸러기를 지도하기 위해서는 학급 규칙이 있어야 한다. 학급 규칙은 학년 초에 학급 회의 시간이나 조회 시간 등을 이용해서 정한다. 이때 아이들이 자발적으로 참여해서 규칙을 만들도록 하는 것이 중요한데, '하고 싶은 일'과 '해서는 안 되는 일'의 범위를 정하고 지키지 않았을 때 어떤 벌칙을 받을지도 미리 정해 둔다.

그러나 학급 규칙을 아무리 체계적으로 만들고 엄격하게 적용한다고 해서 말썽꾸러기가 하루아침에 모범생이 되지는 않는다. 아이가 말썽을 부리는 이유를 한 발 떨어져서 살펴보고 벌주고 혼내기보다는 관심과 사랑으로 대한다면 근본적인 문제 해결에 도움이 될 것이다.

또한 교사와 부모의 콤비 플레이도 중요하다. 교사와 부모가 훌륭한 훈육자로서의 역할을 하기 위해서는 서로 간의 신뢰 관계를 맺는 것이 중요하며, 이를 바탕으로 역할 분담을 한다. 교사가 아이를 압박하면 부모는 풀어주고, 반대로 부모가 압박하면 교사가 풀어 주는 식으로 말이다. 그리고 아이를 압박할 때는 잘못된 행동만을 지적하되, 짧고 굵게 하는 것이 좋다. 그래야 정당한 지적을 잔소리로 받아들이지 않는다. 아이가 태도와 행동을 바꾸려고 노력한다면 격려하고 칭찬하는 것을 잊지 말아야 한다.

아이는 초등학교 6년 동안 어떻게 바뀔까

초등학교 6년 동안 아이는 학교에서 적어도 세 번 정도 성장의 변곡점을 겪는다.

학교에서 가장 먼저 겪는 것은 적응이다. 보통 1~2학년에서 많이 나타난다. 집과 학교는 전혀 다른 환경이고, 아이는 편안한 집에서 다소 불편한 학교의 상황에 적응해야 한다.

이 적응의 과정이 끝나면 혼돈의 과정을 겪는다. 개인적인 자아에서 사회적 자아로 옮겨 가는 시기인데, 그 과정이 매우 혼란스럽다. 보통 3~4학년에서 많이 나타난다.

혼돈은 아이가 하는 가치 판단의 중심을 가정에서 학교로 옮기는 과정에서 본격적으로 일어난다. 어른들이 사회생활을 하듯, 아이도 학교라는 직장에 본격적으로 몰입하는 과정에서 일어나는 것이다. 한 방향으로 무난히 진행되기도 하지만, 심한 내적 갈등과 혼란을 겪기도 한다. 겉으로 표현하기보다 심한 마음의 갈등을 겪는 경우가 많고, 교우 관계에 어려움을 호소하기도 한다. 많은 아이들은 이 과정을 무난히 넘기는데, 대부분 학교생활에 긍정적인 마음으로 참여하는 경우가 그렇다.

마지막으로 개별화의 단계로 5~6학년에서 많이 나타난다. 이 시기의 아이는 몸과 마음이 쑥 자라 있다. 자신의 주장을 논리적으로 풀고, 공동체 생활에서 체계와 격식을 갖출 줄도 안다. 물론 이런 모습은 학교에서 많이 관찰되기 때문에 가정에서는 잘 모를 수도 있다. 개별화 과정을 거치고 나면 아이는 스스로도 자신을 객관적으로 보고 장단점을 파악해 간다.

여름
— 자라다

제2장

여름은 자람의 계절이다. 대지에 뿌리를 내린 식물이 태양과 물이 있으면 자라듯 아이들은 대마왕 차 샘과 친구들을 믿고 교실에서 자란다. 흔들리는 순간도 온다. 적응과는 다른 자람에서 벌어지는 밀고 당기는 좌충우돌 속에 아이들의 뿌리는 대지를 더 꽉 움켜쥐고, 줄기는 튼튼해지며, 자신만의 잎사귀를 찾아간다.

설명을 못하니까
짜증이 나는 거야

"에이씨, 왜 마음대로 안 되는 거야?"

해중이는 마음속에 불만이 쌓이면 자신도 모르게 투덜거린다. 특정 상대가 있거나 특별한 이유가 있어서가 아니다. 그냥 투덜거린다. 그러다 보면 기분이 좀 나아지는 것 같다.

해중이의 투덜거림에 기분 나빠하는 아이들도 있다. 그러나 해중이는 나름 덩치도 있고 싸움도 잘한다고 생각해서인지 크게 개의치 않는 눈치다. 더구나 욕을 하고 싸우는 것이 아니니 크게 나쁜 짓이라고 생각하지 않는다. 잘하는 것은 아니지만 큰 잘못은 아닌, 덜 나쁜 것으로 생각한다.

'억울한데 투덜거리기라도 해야지.'

아마 이런 생각을 하는지 모른다. 하지만 문제는 투덜거리면서 무슨 말을 하는지를 잘 모른다는 것이다.

"야! 이해중이 너 나한테 하는 말이야?"

해중이의 투덜거림에 기분이 나쁜 아이들이 이렇게 되묻는다. 그럼 해중이는 쿨하게 말한다.

"너한테 그런 거 아니거든. 신경 꺼."

별것도 아닌 것에 다른 아이들이 오해한다고 생각해서 이렇게 고함치듯 말한다. 그러나 마음 한구석은 허전하고 외롭다. 오늘도 억울하다. 그래서 더 투덜거린다.

'쳇, 왜 나한테만 뭐라고 하는 거야?'

'내가 뭘 잘못했다고 나한테 시비야?'

성수는 얼굴에 짜증이 가득하다. 불만이 있으면 짜증도 함께 생긴다. 성수는 짜증을 내면서도 왜 짜증이 나는지 이유를 모른다. 자기는 가만히 있고 아무 문제가 없는데 학교 친구들을 만나면 짜증이 생긴다고 여긴다. 그렇다고 학교가 싫은 것은 아니다. 짜증 나는 일이 있지만 즐거울 때도 있다. 그럴 땐 신나서 기쁨이 온몸을 사로잡는다. 특히 대마왕 차 샘이 없으면 더 신난다. 그러나 이 순간은 잠깐이고 곧 여지없이 짜증 나는 일이 생긴다.

성수는 짜증이 나면 구시렁거린다. 그러다 물건을 던지거나

대마왕 차 샘과 못 말리는 귀염둥이들

차기도 한다. 이런 행동이 다른 아이들의 주목을 받는다는 사실을 모른다. 하지만 이런 행동을 하고 난 뒤에 벌어지는 상황은 민감하게 반응한다. 뭔지 모르지만 자기를 좋아하지 않거나, 이상하게 보거나, 싫어하는 표정이란 건 짐작한다.

"야, 엄성수! 너 왜 내 책상을 차는데?"

"내가 뭘 어떻게 했는데? 왜 시비야!"

한 아이의 말에 성수는 되레 짜증을 낸다. 아이들은 성수가 사과하거나 행동을 바꿀 것이라 생각하지 않는다. 다만 듣기 싫은 짜증스러운 말과 행동을 하지 않기를 바랄 뿐이다.

해중이와 성수는 나름 친하다. 그렇다고 둘이 사이가 좋은 것은 아니다. 다른 아이들이 안 놀아 주니 둘이 어울리는 것뿐이다. 투덜거리고 짜증 내는 아이라도 자기와 닮은 아이를 좋아할 리 없다.

"왜 내 것 만지는데?"

"그냥 좀 만진 거다."

"하지 말라고 했잖아."

"왜 시비인데!"

해중이와 성수는 투덜거림과 짜증으로 하루를 보낸다.

대마왕 차 샘의 감시 레이더에 해중이와 성수가 잡힌 것은 오래전이다.

'언젠간 저 녀석들 크게 한바탕하겠는걸.'

해중이가 투덜거릴 때마다, 성수가 짜증 낼 때마다 차 샘은 일일이 지적하지 않는다. 대신 꿍꿍이속이 있다. 잘 지내는 것처럼 흉내 내는 둘 사이에서 다툼이 벌어질 때를 기다리는 것이다. 해중이의 투덜거림을 지적하다간 성수의 짜증을 잡을 수 없고, 반대의 경우라면 해중이의 투덜거림은 성수의 짜증에 묻혀 버린다. 인생이 타이밍이듯 개입에도 타이밍이 필요하다.

기다림은 그리 오래 걸리지 않는다. 때는 바야흐로 급식 시간. 해중이와 성수는 겁도 없이 식당에 갈 때 다툰다. 귀염둥이 녀석들에게 더 불리한 상황이다.

'공부는 꼴찌를 해도 밥은 일등으로 먹는다.'

'공부는 밥을 먹기 위해 하는 것이다.'

공복과 배고픔을 전쟁이나 호환 마마보다 더 무서워하는 차 샘 앞에서 감히 급식 시간에 다투다니. 어느 반보다 전투적으로 교실 정리와 손 씻기를 마치고 일사불란하게 줄을 선 다음 빛의 속도로 식당으로 가서 점심을 먹어야 하는데, 해중이와 성수의 다툼으로 차질이 생긴다. 차 샘의 얼굴빛은 급속도로 나빠진다. 학교생활에서 가장 중요한 급식 시간을 앞두고 다투는 해중이와 성수를 이해할 수 없다.

"샘, 제가 서 있는데 해중이가 저보고 줄 잘못 섰다고 막 뭐라고 해요."

성수가 일러바친다. 해중이도 지지 않는다.

"성수가 섰는데. 뒤로 가라 했는데. 안 갔는데 그러니까……."

차 샘이 딱 보니 줄 서기에 민감한 해중이와 성수는 평소 싫어하는 감정이 누적되어 말다툼하고 있었다. 싫어하면서도 싫어하면 안 된다고 생각한 귀염둥이들은 차 샘에게 진실 게임이 아니라 떠넘기기 심리 게임을 하려고 한다.

'이것들 딱 걸렸다!'

"성수야, 네 얼굴에 짜증이 가득한데 혹시 나에게 불만이 있어서 그러냐?"

차 샘의 질문에 성수가 화들짝 놀란다.

"아닌데요."

"네 얼굴에 불만이 덕지덕지 붙어서 나한테 화를 내는 줄 알았다. 네 얼굴에 화가 많이 붙어 있다는 걸 알고 있니?"

"아니요. 몰랐어요."

"그럼 아무 이유 없이 다른 사람에게 오해를 받아 본 적 있지?"

그동안 수많은 오해를 받은 과거가 떠오르는 듯 성수는 울분을 참으며 깊은 한숨을 쉰다. 성수에게 감정을 추스를 시간을 주며 차 샘은 해중이에게 시선을 돌린다.

"성수가 잘못한 거 있지?"

해중이는 웬일로 차 샘이 자신에게 변명할 기회를 주나 싶어 신이 나서 다른 애들이 다 들으라는 듯 설명하기 시작한다. 대충 요약하면 이렇다. 손을 깨끗하게 씻고 줄을 서야 하는데 성수는 대충 씻었다. 책상 정리도 안 했다. 줄 서는데 새치기를 했다……. 해중이의 말은 이리저리 뒤섞여서 해석하기가 쉽지 않다. 차 샘이 정리에 나선다.

"해중아, 샘이 들어도 성수가 뭘 잘못했는지 이해가 안 된다. 해중이 넌 설명을 잘 못해서 억울한 오해를 당한 적이 많지?"

억울한 일을 많이 당한 해중이는 얼굴이 붉으락푸르락하며 눈물이 나려는 걸 꾹 참는다.

"그럴 때마다 투덜거렸지?"

"네."

"다른 사람들이 이유 없이 널 오해한 것이 아니야. 나도 집중 해서 들었지만 해중이가 한 설명이 이해가 안 된다. 상대가 이 해가 안 되니 네 말을 안 믿었을 것이고, 안 믿어 주니 억울했을 거다."

해중이와 성수는 차 샘이 무슨 말을 하려는지 대충 눈치를 챈다.

"일단 밥을 먹자. 대신 오늘 집에 가기 전에 서로 감정을 풀고 해결하도록 해라. 근데 내가 곁에서 지켜봐야 하니?"

차 샘의 말에 해중이와 성수는 힘껏 고개를 저으며 괜찮다고 한다.

"차 샘, 밥 먹고 저희 둘이서 해결할게요."

다른 아이들은 먼저 줄을 서서 밥을 먹고 있고, 대화하느라 늦어진 해중이와 성수는 차 샘과 앉아 밥을 먹는다. 언제 그랬냐는 듯 해중이와 성수는 다시 친한 사이가 되어 웃으며 이야기꽃을 피운다.

"밥 먹을 땐 조용히 해라."

그렇다. 지금은 대마왕 차 샘도 밥을 먹는 순간이다. 밥 먹을 땐 건드리면 안 된다.

악당인 줄 알고 골랐다면
넌 천재야!

"어머, 수찬이가 차 샘 반이에요? 어떡해요? 1년 동안 고생 많으시겠어요."

수찬이는 이전 학년에서 경험 많은 선생님들도 두 손 두 발 다 들 정도도 유명한 귀염둥이였다.

개학 첫날 수찬이가 등교하던 모습을 기억하면 가관이었다. 첫날부터 지각한 수찬이는 잔뜩 뿔이 난 얼굴이었다. 그 후로도 지각은 일상다반사에 수업 시간엔 꾸벅꾸벅 졸기 일쑤였다. 차 샘은 수찬이가 무단결석하지 않은 것만으로도 장하다고 생각해 한 달 동안은 별 이야기를 하지 않았다. 같은 반 친구들도 그런 수찬이의 모습을 대수롭지 않게 여겼다. 늘 보던 모습이고, 늘 하던 행동이었으니까. 오히려 별말 안 하고 넘어가는 차 샘을 예의 주시했다.

'이쯤 하면 혼낼 때가 됐는데 왜 아무 말씀 없으시지?'

귀염둥이들은 수찬이에 대한 차 샘의 인내심이 어디까지인지 궁금했다. 대마왕 차 샘이 언제 불을 뿜을지 기다리고 있었던 것이다.

'요 녀석 봐라. 이것도 안 통한단 말이야?'

차 샘은 수찬이와 세 마디 이상 대화를 해 보는 것이 목표다. 그러나 번번이 실패한다. 차 샘은 짧게 질문해도 귀염둥이들은 길게 대답해야 하는 불문율은 수찬이에게 통하지 않는다. 간단한 '예' '아니오'도 몇 번 물어야 겨우 대답할 정도다. 그마저도 하기 싫으면 아프다고 한다. 그런데 아파서 아픈 건지 말하기 싫어 아픈 척하는 건지 구분하기가 쉽지 않은데, 수찬이는 실제로 얼굴이 벌게지거나 심지어는 열도 났다.

대마왕 반에서는 영화 수업을 한다. 첫 영화 수업 시간에 디즈니 애니메이션 〈인크레더블 1〉(브래드 버드 감독 작품)을 봤다. 아이들은 수업 시간에 영화를 본다는 것에 들떠서 즐겁게 감상하고 선생님의 질문에도 별 부담 없이 답한다.

여기엔 비밀이 숨어 있다. 〈인크레더블〉에 나오는 주인공 캐릭터는 모두 일곱 명인데, 아이가 어떤 캐릭터를 왜 선택했는지에 대해 이야기를 나눠 보면 그 아이의 심리를 대략 파악할 수 있다.

역시 수찬이에게도 질문을 던졌다. 수찬이는 영리한 통찰가인 악당 '신드롬'을 선택했다. 악당이기에 잘 선택하지 않는 캐릭터인데 유독 수찬이만 선택했기에 그 이유를 물었다.

"전 신드롬 같은 사람이 되고 싶어요. 신드롬은 너무 머리가 좋기 때문이죠. 그런데 악당은 늘 영화에서 지잖아요. 전 지는 게 싫어요. 악당이 이겼으면 좋겠어요. 신드롬이 망토만 안 입었으면 이기는 건데 아쉬워요. 신드롬은 악당이지만 과학자이기도 해요. 그래서 신드롬이 되고 싶어요. 전 머리가 좋아지는 초능력이 있으면 갖고 싶어요."

영화 수업은 노는 시간이라고 생각했는지, 또는 그날따라 유독 기분이 좋았는지 수찬이는 학교에 와서 가장 많은 말을, 가장 즐겁게 했다.

진단 평가를 했을 때도 수찬이는 부진이 아니었다. 안 해서 못하는 것이지 능력 자체가 부족한 아이는 아니었다. 희망이 있었다. 수찬이가 좋아하는 미끼를 찾는 것이 우선인데, 그게 무엇인지 대략 나왔다.

다음 날 수업 시간. 차 샘은 아침부터 졸고 있는 수찬이에게

회심의 한 방을 날린다.

"수찬이는 천재야. 신드롬을 골랐으니 말이야. 아무도 악당을 고르진 않거든."

수찬이는 졸다가 살며시 눈을 뜬다. 칠판 앞에 있어야 할 차 샘이 자기 책상 앞에 턱을 괴고 앉아 있다. 수찬이는 놀라서 눈이 왕방울만해진다. 입가에 흐른 침은 수습이 안 된다. 걸려들었다. 이제부터 밀고 당기기의 시작이다.

"하지만 신은 공평해. 천재에게 뭔가 한 가지를 빼놓으셨거든. 그게 뭔 줄 아니?"

아직 정신을 못 차리는 수찬이는 눈만 껌벅거리며 페이스를 조절한다. 역시 강적이다.

"게으름이야."

다른 아이들은 숨죽이며 지켜보다 짧은 탄식을 내뱉는다. 수찬이에게 대놓고 게으름뱅이라고 하다니. 그러나 차 샘은 수찬이에게 집중한다.

"세상엔 천재들이 수도 없이 많아. 하지만 모두 자신의 게으름 때문에 평범한 사람들보다 더 비참하게 살아가지. 수찬이는 천재로 살아 보고 싶지 않니?"

게으름을 이기면 천재가 된다. 그게 바로 너다. 차 샘은 할 수 있는 최고의 화력을 수찬이에게 쏟아 붓는다. 이제 수찬이의 선택만 남았다.

"어떻게 하면 되는데요?"

수찬이는 거부하지도 않고 그렇다고 받아들이지도 않는다. 받아들이지 않은 것이 아니라 어떻게 해야 하는지 모른다는 것이 더 정확하다. 그러나 수찬이도 이 기회는 놓치고 싶지 않았던 모양이다. 그 사실을 알아차린 차 샘은 쉬는 시간에 수찬이를 연구실로 불러 과자를 주며 말한다.

"수업 시간에 졸지 않으면 된다. 밤에 일찍 자라."

특별한 방법을 제안한 것은 아니다. 그러나 수찬이는 그날 이후 조금씩 바뀌었다. 어느새 최고의 학생으로 변신했고, 누구보다 열심히 공부했다. 물론 이 약발이 언제까지 갈지 모르지만 '천재 드립'은 꽤 쓸모가 있었다.

그런데 한 가지 걸리는 것이 있었다. 6월이 다 되도록 매번 같은 패딩을 학교에 입고 오는 것이다. 차 샘이 물었다.

"수찬아, 그 패딩 이제 벗어도 되지 않을까?"

"아니에요. 이거 여름 거예요."

조끼 형태로 되어 있는 패딩을 여름 것이라 말하는 수찬이. '옳다구나', 수찬이가 무덤을 판다고 생각한 차 샘은 내기를 한다. 수찬이의 말이 맞으면 음료수와 빵 사 주기, 차 샘 말이 맞으면 패딩 벗기.

차 샘은 수찬이의 동의를 얻어 SNS에 패딩 내기를 올린다.

'요 녀석아, 다른 사람들이 어떻게 생각하는지 잘 봐라. 차 샘이 왜 대마왕인지 뼈저리게 느끼게 해 주마. 푸하하하!'

차 샘은 내색하지 않고 승리의 기쁨을 만끽할 준비를 한다.

그런데 결과가 이상하게 나왔다. 차 샘이 졌다. 진실을 말해 주리라 믿었던 SNS 동지(?)들이 수찬이 편을 들었다. 환호하는 수찬이와 그런 수찬이와 댓글 결과를 번갈아 씁쓸하게 쳐다보는 대마왕 차 샘.

약속은 약속이다. 차 샘은 출근길에 제과점에서 음료수와 빵을 사서 수찬이에게 전달식을 했다. 매번 지각하던 아이가 그날 가장 빨리 학교에 왔다.

"배가 터지게 실컷 먹어라."

미운 놈 떡 하나 더 준다는 심정으로 차 샘이 하사한 큼직한 밤 식빵과 1.5리터짜리 음료수를 받은 수찬이는 혼자 먹지 않고 아이들에게 나누어 주며 선심을 쓴다. 그러고는 침을 튀겨 가며 무용담을 들려준다. 한편 급식 전 금식, 과자 파티 안 함, 먹을 것 안 주기로 명성이 자자한 대마왕은 쓰디쓴 커피를 홀짝거리며 분한 마음을 다스린다.

그날 이후 수찬이는 패딩을 벗었다. 그리고 더 이상 말썽꾸러기 짓은 않았다. 영화와 미술 수업을 하며 수찬이는 점점 변해 갔다. 심술궂은 얼굴도 펴지고, 친구들과 사이좋게 지내는 방법도 터득했다. 무엇보다 스스로 할 수 있다는 자신감이 생긴 듯했다.

"수찬이 말이 올해 차 샘을 만난 건 정말 행운이래요. 인생을 바꿀 기회가 왔다고 하더군요. 그 말을 듣고 저도 놀랐어요."

상담 시간에 수찬이 어머니가 한 말이다. 참으로 놀라웠다. 수찬이는 스스로 변하려고 노력하고 있었다. 언젠가는 일기에 이렇게 썼다.

문득 내 글을 하나씩 읽어 보니까 이렇게 글이 성장할지 몰랐다. 처음에는 잘 못 썼지만, 갈수록 글 쓰는 것이 쉬워졌다. 그림을 그릴 땐 잘하는 것과 못하는 것을 구분했는데 지금은 그렇지 않다. 그림은 잘 그린 것, 못 그린 것이 없다.

수찬이는 아직 모르는 것이 있다. 그동안 자기도 모르게 저질렀던 수많은 잘못을 바로잡는 일이다. 물론 지금 당장 해야 할 일은 아니다. 그러나 잘 해 보려고 할 때 문득문득 발목을 잡을 것이다. 그렇다고 알려 주지 않는다. 그때가 오면 가르쳐 주지 않아도 스스로 느끼게 될 테니까.

차 샘은 오늘도 큰 깨달음을 얻는다.

'애들과의 내기는 SNS에 올리지 않으리라~. 빠지직!'

96

대마왕 차 샘과 못 말리는 귀염둥이들

세상에는 공짜가 없다

와장창~.

수업과 청소를 마치고 집에 가려던 아이들이 있던 복도에서 큰 굉음이 났다. 교실 출입문이 부서지고 유리창이 깨졌다. 순간 왁자하던 복도에는 정적이 감돌고, 지나가던 아이들은 얼음이 되었다. 하지만 성식이만은 씩씩거리며 고래고래 고함을 질렀다.

"나한테 왜 그러는데! 왜 성질나게 하는데!"

사고를 크게 치면 오히려 수습이 쉬울 때가 있다. 복도에 부서진 출입문의 조각 난 파편과 유리를 보고 아이들이 웅성거리긴 하지만 동요하지는 않는다. 복도에 대마왕 차 샘이 버티고 있기 때문이다.

'아이고, 놀라라!'

차 샘도 깜짝 놀라긴 마찬가지다. 다만 아이들이 동요하지 않도록 애써 태연한 척 연기를 할 뿐이다. 그러고는 상황을 어떻게 정리해야 할지 잔머리를 굴리며 아이들을 유심히 관찰한다.

"다들 집으로 가거라. 위험하니 치우기 전까지는 얼씬거리지 마라."

차 샘은 아이들을 돌려보내고 유리 파편이 많아 행정실에 도움을 요청한다. 그런 다음 사건의 전모를 파헤치기 시작한다. 집에 가지 않고 남아 있던 아이들이 차 샘 주위로 모인다. 이번 사건과 관련이 있는 아이들로 자신들이 큰 사고를 쳤다고 생각해서인지 풀이 죽어 있다. 차 샘은 아이들을 관련자와 목격자로 나누어서 자초지종을 듣는다.

"어떻게 된 건지 말해 봐."

의외로 갈등이 커서 생긴 문제는 아니었다. 출입문을 사이에 두고 몇몇 아이들이 다른 아이들이 못 들어오게 장난을 쳤다. 그런데 그날따라 컨디션이 나빴던 성식이가 폭발을 해서 문을 세게 미는 바람에 문이 넘어져 부서진 것이다. 그 모습을 보고 놀란 성식이는 무섭고 억울해서 고래고래 소리를 질렀다.

"그래? 더 숨기거나 빼놓은 것은 없어?"

차 샘이 물었다.

시간이 흐르자 씩씩거리던 성식이도 어느 정도 진정이 되었다. 평소에도 성식이는 욱하는 성격 때문에 혼이 났다. 그런데 일은 크게 벌어졌지, 자기가 밀어서 문이 넘어졌으니 책임져야겠는데 그 책임을 혼자 감당하려니 너무나 억울했던 것이다.

차 샘은 성식이뿐만 아니라 다른 아이들의 이야기를 끝까지 들어주었다. 사건의 자초지종을 알기 위한 것도 있었지만, 이야기를 하고 들어주는 것 자체가 상처를 치유하는 과정이기도 했기 때문이다.

"너희 이야기 잘 들었어. 잘못은 있지만 놀이가 과해서 그렇게 된 것이니 학교 폭력으로 교장 샘에게 보고하진 않을 거야. 대신 세상에는 공짜가 없어. 깽판을 쳤으면 맷값을 물어야 해."

차 샘의 말에 아이들은 고개를 갸웃한다. 혼내지 않겠다고 해서 안심했는데 맷값을 물어야 하다니. 왠지 불안감이 가시지 않는다.

"어른들이 일부러 남의 물건을 부수거나 깨뜨리지 않는 이유를 아니? 다 물어 줘야 하기 때문이야. 어른이라 혼나진 않지만 잘못한 것은 책임을 져야 하거든. 그 책임이 뭐냐? 결국 돈이지. 공짜는 없어."

두서없는 차 샘의 논리에 아이들은 수긍한다.

"너희끼리 해결하기는 힘들 테니 샘이 도와주도록 할게."

가장 먼저 해결해야 할 것은 유리창 값이다. 문틀이야 어떻게 고쳐 쓴다고 해도 유리창 값은 물어야 한다. 결국 성식이와 장난친 아이들이 함께 부담하기로 했다.

"총 여섯 명이니 한 명당 ○원씩 내면 되겠네. 어떻게 할래?"

차 샘의 제의에 아이들은 눈빛을 주고받고 이야기를 나누더니 자기들의 용돈으로 해결하겠다고 했다. 돈이 부족하거나 없는 이이는 차 샘이 무이자 대출을 해 주기로 하고 다음 단계로 넘어간다.

"자, 그럼 이제부터 진짜 맷값을 치르러 가자."

차 샘은 아이들을 데리고 사고 현장부터 다시 찾는다. 행정실 주무관님들이 유리 파편을 치우고 어긋난 문짝을 맞추고 있다.

"너희들이 사고 친 것을 어른들이 치우신다. 다들 죄송하고 고맙다고 인사를 드려."

아이들은 차 샘이 시키는 대로 일렬로 서더니 꾸벅 인사를 한다.

"아이고, 괜찮습니다. 그럴 수도 있지요. 너희들 다친 데는 없니?"

주무관님들의 위로에 아이들은 몸을 배배 꼬며 희한한 표정을 짓는다.

"이번엔 유리창을 주문할 행정실로 가 보자."

차 샘은 아이들을 이끌고 우르르 1층 행정실로 간다. 그러고 는 행정실 실장님에게 아이들이 유리창 값을 물지 않아도 되는 방법이 있는지 묻는다. 아이들은 혹시나 하는 기대로 실장님을 바라본다.

"오래되거나 시설물 자체의 문제로 손상되었으면 학교 예산에 서 집행하지만, 그렇지 않으면 아이들이 물어야 할 것 같습니다."

실장님의 대답에 아이들은 기대를 접고 순순히 받아들인다.

"들었지? 너희들이 돈을 내야 한다는구나. 아쉽네."

"샘, 이제 끝난 건가요?"

"끝나긴 뭘 끝나. 따라와."

아이들은 차 샘을 따라 교무실과 교장실을 차례로 강제 순례 해야 했다. 이미 학교엔 6학년 문짝 패대기 사건이 파다하게 퍼 져 있었고, 차 샘이 왜 아이들을 끌고 다니는지 눈치가 빠삭한 교 장 선생님과 교감 선생님은 책상 서랍 속에서 사탕을 한 줌씩 꺼 내 주며 아이들을 위로⑺한다.

"아이고, 이 녀석들아, 조심해서 놀지. 안 다쳤니? 차 샘에게 잘못했다고 해라."

그러고는 사탕을 직접 까서 아이들의 입속에 넣어 준다. 아 이들은 어쩔 줄 몰라 하면서도 사탕을 넙죽 받아먹고는 키득거 린다.

"어쭈, 이것들 봐라. 이제 교실에 올라가서 글쓰기를 하자."

"엥, 이제 끝난 거 아니에요?"

성식이는 입을 댓 발이나 내밀며 툴툴거린다.

"아직도 정신을 못 차렸구나. 너희들이 벌인 일을 부모님께도 알려야지."

부모님 이야기가 나오자 다들 쫄았다.

"교장실에도 다녀왔잖아요. 근데 왜 부모님께 알려요?"

성식이는 성질을 참으며 말한다.

"학교 폭력으로 처리하지 않을 뿐 너희들이 벌인 일을 부모님께 알려야 하는 건 선생님의 의무다. 특히 너희들 용돈으로 해결하겠지만 유리 값을 치러야 하기에 알리지 않으면 자칫 샘이 오해를 받아. 샘이 직접 부모님께 이 사실을 말할까? 아니면 너희들이 전할래?"

성식이도 더 이상의 저항을 포기하고 다른 아이들도 자기들이 알리겠다고 입을 모아 말한다.

"샘, 글 안 쓰고 말로 하면 안 돼요?"

성식이는 끝까지 버텨 보려 한다.

"그래? 그럼 뭐라고 할 건지 차 샘이 부모님이라 생각하고 말해 봐."

성식이는 나름 머리를 굴려 가며 말을 한다. 하지만 말의 앞뒤

대마왕 차 샘과 못 말리는 귀염둥이들

가 없고 무슨 말을 하려는 것인지 알아듣기 어렵다.

"그것 봐! 잘 안 되지? 그래서 글로 쓰는 거야. 대신 부모님이 걱정하지 않으시게 차 샘이 도와줄 테니 편지를 써 와 봐."

아이들은 옹기종기 모여 앉아 개발새발 대충의 상황과 대처 그리고 반성의 내용이 담긴 편지를 썼다.

"음, 좋아. 이제 집에 편지를 전달하고, 각자 가져와야 할 돈이 모이면 차 샘이 행정실에 내도록 할게."

오늘 깽판에 대한 맷값은 대충 치렀다. 아이들은 집에 갈 수 있다는 생각에 주섬주섬 책가방을 챙긴다. 그러나 여기서 끝내면 대마왕이 아니다.

"너희들 차 샘에게는 빚진 것 없니?"

가방을 들고 집에 가려던 아이들은 어안이 벙벙한 표정으로 서로의 얼굴을 쳐다본다.

"특히 성질부린 성식이는 차 샘에게 큰 빚을 졌고, 나머지 아이들도 빚이 있을 텐데. 이번 맷값은 따로 물어야지."

차 샘은 차분한 목소리로 말할 때가 더 무섭다.

"성식이가 샘에게 화를 낸 게 아니란 건 알아. 또한 다른 아이들을 위해 방법을 찾아 줄 의무도 없어. 그럼에도 이렇게 하는 건 샘이 위대하기 때문이지."

언제 들어도 익숙해지지 않는 차 샘의 자랑질이지만 이번엔 빠져나갈 방법도 없다. 차 샘은 여세를 몰아 카운터펀치를 먹인다.

"만약 차 샘이 없었다면 다른 어른들이 이런 상황에서 너희들의 행동을 이해해 주었을 거라고 생각하니?"

구석에 몰린 아이들. 대마왕 차 샘은 몰 수 있을 데까지 확실하게 몰고 간다. 다시 원래대로 돌아가 변명하고 성질부리려 하면 더욱 몰아붙인다.

아이들도 안다. 살갑게 말하지 않고, 매번 돌직구를 던져도 적어도 차 샘은 속이지 않으며, 그나마 믿을 만한 괜찮은 어른이란 것을.

사고를 치고 싶지 않았지만 사고를 쳤고, 오해를 불러일으키고 싶지 않았지만 오해의 상황은 늘 생겼다. 오늘 상황도 차 샘이 아니었으면 해결하기 어려웠을 것이다. 알고 있으면서도 인정하긴 싫다. 미안하긴 하지만 표현하긴 싫다. 감사하긴 하지만 어떻게 할 줄 모른다. 차 샘은 이때 확실하게 밀어붙인다.

"차 샘에게 사과해!"

그렇다. 차 샘은 아이들에게 사과를 받는다. 깽판을 부려서 죄송하다는 사과를 받는다. 교실의 규칙을 수호하는 심판자로서 차 샘의 권위는 이렇게 세워진다.

드디어 아이들은 집에 간다. 하지만 아이들은 모른다. 대마왕이 행정실과 교장실, 교무실을 찾아다니며 메소드 연기를 해 준

출연진에게 일일이 감사의 인사를 하고 있다는 사실을. 진정한 차 샘의 권위는 여기서 나온다는 사실을.

화투는 왜 안 되나요?

용근이는 의심이 많다. 아무리 사소한 것이라도 묻는다. 못 믿어서 묻는 것인지, 허락을 받기 위해 묻는 것인지 구분이 되지 않지만 묻는 데도 특징이 있다. 용근이 자신에게 유리한 것은 묻지 않는다. 대신 선생님에게 걸리면 혼나거나 잔소리 들을 만한 것이라면 꼭 확인한다.

용근이의 얼굴이 어둡다. 아침에 교실에 들어올 때면 얼굴을 푹 숙이고 들어온다. 아침마다 아이들의 인사를 기다리며 교탁 앞에 똬리를 틀고 있는 대마왕 차 샘을 본체만체한다.

"용근아! 아침에 차 샘을 보면 인사를 해야지?"

차 샘의 말에 용근이는 고개를 살짝 들어 쳐다본다. 하지만 정

대마왕 차 샘과 못 말리는 귀염둥이들

작 차 샘의 시선은 모니터에 가 있다.

'뭐야? 샘은 나한테 관심도 없으면서 왜 인사 안 한다고 잔소리하지?'

이런 말을 입 밖으로 내뱉었다가는 폭풍 잔소리를 듣기 십상이니 대충 인사를 하고는 자리에 앉는다. 다시 고개를 푹 숙인다.

"어이, 아저씨! 차 샘한테 불만 있나? 아침에 왔으면 서로 인사를 하고 시작해야지."

차 샘의 우렁찬 목소리에 용근이는 고개를 든다. 어느새 차 샘은 교탁 앞에 서 있고, 다른 아이들은 자신을 쳐다보고 있다. 흘끗 본 차 샘의 표정은 알기 어렵다. 혼내는 건지, 그냥 이야기하는 건지 모르겠다. 하지만 이렇게 주목받는 느낌이 드는 것은 썩 기분이 좋지 않다.

"아침부터 인상을 쓰고 교실에 들어오면 차 샘한테 불만이 있는 거라 오해한다. 난 용근이한테 불만 없다."

잔소리는 잔소리대로 해 놓고 꼬리 자르고 도망가는 차 샘의 대화법은 쉽사리 적응이 되지 않지만, 인상을 썼다가는 폭풍 잔소리를 들을까 봐 걱정된다. 아무튼 오늘 아침도 이렇게 대충 넘어간다.

용근이는 '식빵'을 즐긴다. 다시 말해 "야, 이 십장생아~!" "네가 뭔데 이 시베리안허스키야!"와 같은 욕을 자주 한다. 친구들과 어울려 놀다가도 자기 마음대로 안 되면 욕으로 감정을 표현한다. 끼리끼리 노는 법이어서 용근이랑 자주 어울리는 아이들 사이에서 자주 벌어지는 일이다. 특히 깐죽거리는 도원이와는 늘 다투면서도 단짝이다.

요즘 용근이는 아침 시간에 밖에 나가 노는 것보다 교실이나 복도에서 활보하는 놀이를 즐긴다. 단짝 도원이와 복도에서 뛰다가 선생님에게 잔소리 한 바가지를 듣고는 교실로 놀이터를 옮겼다.

사바나의 동물들에게 각자 영역이 있듯, 교실에서 놀 때도 마찬가지다. 원래 교실에서 놀던 아이들은 끼리끼리 모여 보드게임 등을 한다. 그런데 용근이는 그 아이들을 비집고 들어가 어울려 놀 줄 모른다. 말끝마다 식빵을 달고 사니 비슷한 성향인 도원이 빼곤 친구가 없다.

"선생님, 카드놀이는 해도 되나요?"

용근이는 다음 날 트럼프 카드를 가지고 와서 물었다.

"카드로 무슨 놀이를 할 건데?"

심술궂은 대마왕 차 샘이 트집을 잡아 못 하게 하면 어쩌나 하고 조심스럽게 물었는데, 차 샘이 무슨 놀이를 할 거냐고 물으며 관심을 갖자 용근이는 반색하며 목소리를 높인다.

"원 카드 할 거예요."

원 카드란 말에 차 샘이 눈빛을 반짝이며 묻는다.

"원 카드? 그거 재미있겠다! 어릴 때 많이 했는데. 나도 같이 하면 안 되나?"

뭐 이런 샘이 다 있나 하고 잠시 벙찐 표정이던 용근이는 단호하게 말한다.

"안 돼요. 우리끼리 놀 거란 말이에요."

차마 차 샘이랑 하기 싫다고는 못 하고 도원이랑 미리 약속을 했다고 단호하게 자른다. 입맛을 다시는 차 샘을 뒤로하고 대마왕의 레이더가 닿지 않는 구석으로 가서 판을 벌인다. 그렇게 며칠이 지났다.

"샘, 홀라 해도 돼요?"

"홀라? 그건 어른들이 하는 거 아냐? 돈내기하는 거?"

"우린 돈 안 걸고 해요."

"그래? 한번 해 봐. 어떻게 하는지 보자."

용근이는 원 카드를 하던 실력으로 능숙하게 패를 섞어 나눠 준다. 아빠가 하는 걸 보고 어깨너머로 배웠다는데 공부할 때와는 완전 딴판으로 초집중한다.

원 카드가 지겨우면 홀라를 하고, 홀라가 지겨우면 다시 원 카드를 한다. 용근이가 일등을 하면 온 교실이 떠나갈 듯 환호한다.

"야, 이 녀석들아! 좀 조용히 하고 해라."

차 샘은 허락을 했으니 차마 그만 하라고는 못 한다. 훌라는 다시 포커 게임으로 이어진다. 차 샘이 다시 참견을 한다.

"근데 포커는 중간에 뭘 걸어야 하는데, 돈을 걸 거냐?"

용근이는 바둑알 통을 내민다. 돈 대신 바둑알을 나눠서 다 따는 쪽이 승자라고 한다. 돈을 걸지 않으니 이것도 막을 방법이 없다.

며칠이 또 지났다. 용근이가 이번엔 새로운 놀잇감을 가져왔다.

"샘, 화투를 쳐도 되나요?"

"왜 화투를 치려고 해?"

"원 카드, 훌라, 포커는 다 해 봐서 재미가 없어요."

"근데 화투를 치면 오해가 생길 수 있을 텐데."

"왜요? 돈을 걸지 않으면 트럼프 카드나 화투나 상관없지 않나요?"

뜻밖에 용근이는 화투를 쳐도 되는 이유를 논리적으로 설명한다. 말문이 막힌 차 샘은 이 순간 맞받아칠 말이 없다.

"그럼 저쪽 가서 화투 칠게요. 안 떠들 테니 걱정하지 마세요."

우물쭈물하는 차 샘을 통쾌하게 바라보며 짐짓 걱정까지 해 주는 용근이의 표정이 가관이다.

"아야~ 이번엔 스리고에 피박이야. 손대지 마. 다 보고 있다.

보자, 이게 몇 점이냐……."

못 하게 말리는 놀이가 더 재미있듯, 차 샘도 허락한 화투 놀이에 점심시간에 밖에 나가는 것도 잊고 매일 교실 구석에선 하우스가 펼쳐진다. 그런데 엉뚱한 곳에서 일이 벌어진다. 영어 시간에 교실에 잠시 물건을 가지러 갔던 담당 선생님이 사색이 되어 귓속말을 한다.

"샘! 용근이가 애들을 모아서 화투를 쳐요."

"일단 내버려 두세요."

올 것이 왔다. 차 샘은 수업을 다 마치고 용근이를 불러서 남으라고 한 이유를 설명한다.

용근이의 입장에서는 어이가 없다. 차 샘의 허락을 받고 화투를 쳤는데 왜 다른 샘이 고자질을 한단 말인가. 생각 같아서는 막 소리치고 싶지만, 앞에 있는 건 대마왕이다. 함부로 성질을 냈다간 뼈도 못 추린다. 차 샘 역시 세상 억울하다는 표정을 짓는 용근이가 측은하기도 해서 짐짓 부드러운 목소리로 달랜다.

"차 샘은 트럼프 카드나 화투나 별반 다를 게 없다고 생각해. 하지만 그건 차 샘의 생각이지 모든 어른들의 생각은 아니야."

"아이들은 나쁘다고 안 해요."

"나도 나쁘다고 생각은 안 해. 그리고 용근이 널 오해하지 않아."

오잉, 대마왕에게 이런 면이 있다니?

용근이는 잠시 차 샘에게 친근감을 느낄 뻔했다. 그래도 물이 들어왔을 때 노를 저어야 한다.

"돈내기를 한 것도 아닌데 그냥 하게 해 주시면 안 되나요?"

된다, 안 된다 금방 답을 줄 것 같았던 차 샘은 의자를 고쳐 앉고는 용근이에게 몸을 굽혀 단호하게 말한다.

"옳고 그른 걸 판단하기 에매하지? 넌 네 나름대로 이유가 있고, 선생님들은 선생님들대로 이유가 있어. 맞아, 오해하는 선생님을 설득하면 되지. 나쁜 짓은 아니니까. 근데 그 설득을 왜 차 샘이 해야 할까?"

용근이의 표정이 묘하다. 틀린 말은 아닌데 이해는 안 된다. 받아들이려고 하니 뭔가 켕긴다. 차 샘 말대로 다른 어른을 설득해야 한다는 말에 절망을 느낀다.

"다른 어른들에게 네가 화투 치는 것을 오해하지 말아 달라고 할 수는 없어. 교실에서 화투를 치는 건 네 권리는 아니야. 차 샘이 못 본 척해 주는 거니까."

"이제부터 화투를 못 치는 건가요?"

풀이 죽은 용근이. 하지만 마음속으로는 한 조각 희망을 품는다. 혹시 차 샘이 허락해 줄지도 모른다는 희망.

"난 이전에도 그랬고, 지금도 똑같아. 용근이가 나쁜 짓을 하는 것이 아니니 못 본 척할 거야. 대신 화투를 쳐서 생기는 문제는 네가 책임져야 해."

"어떻게 책임지면 되나요?"

"오해하는 어른에게 지금 차 샘과 대화한 내용을 말해 주고 양해를 구해야 해."

"돈놀이가 아니라고 말하면 되나요?"

"그게 핵심이지. 하지만 권리가 아니니 정중한 태도로 말씀드려야 효과적일 거다."

용근이는 더 이상 질문을 하지 않는다.

다음 날, 용근이는 더 이상 화투를 가져오지 않았다. 내심 용근이가 꿋꿋이 화투를 치며 다른 샘에게 뭐라고 말하나 궁금했던 차 샘은 입맛을 다신다.

'용근이가 다른 샘들한테 화투를 쳐야 하는 이유가 뭐라고 하는지 들어 봐 달라고 부탁했는데 망했네.'

너는 좋은 아이야,
나쁜 아이야?

차 샘은 귀염둥이들과 영화 〈주먹왕 랄프〉를 보고 캐릭터들에 대해 이야기를 나눈다. 랄프는 게임 속에서 악당 역할을 하지만 게임 30주년 기념식에 초대 받지 못해 일부러 찾아간 파티장에서 난동을 부린다. 랄프는 주인공이 게임 속에서 따는 메달이 없어서 다른 사람들이 자신을 업신여기는 것이라 여긴다.

영화를 보고 나면 랄프가 악당이 아니라 악당의 역할을 하고 있어 오해를 받는다는 사실을 안다. 귀염둥이들은 랄프에게 부당한 대우를 하는 게임 속 다른 캐릭터들에게 분통을 터뜨린다.

"어떻게 저럴 수 있어요! 치사하고 비겁해요!"

평소 말썽을 부려 혼이 난 경험이 많은 귀염둥이들은 이구동

성으로 랄프의 편을 들었고, 특히 용근이는 자기 일인 양 열을 내며 랄프를 구박했던 캐릭터들에게 화를 냈다.

잘못하면 혼이 난다. 혼이 나지 않으려면 잘못을 저지르지 않거나 잘못이 자기 책임이 아님을 증명해야 한다. 그러나 귀염둥이들은 자주 잘못을 저지르고, 혼나기 싫어 변명을 하고 책임 회피를 한다.

잘못을 인정하지 않는 아이를 귀엽게 봐줄 어른은 없다. 차별 대우를 받는다고 생각하니 억울하면서도 자기를 나쁜 아이로 생각할까 봐 아닌 척하지만 눈치를 본다.

"듣고 보니 용근이가 화를 내는 이유도 이해가 간다. 혼날 때 어떤 말을 들으면 속상했니?"

"너 땜에 못 살아."

"너 나랑 약속했어, 안 했어? 약속을 했으면 지켜야 할 거 아냐?"

"너 커서 뭐가 되려고 이러는 거야?"

"이거 하라고 했어, 안 했어? 말해 봐."

차 샘의 질문에 귀염둥이들은 목청을 높여 부모님이나 선생님에게 들은 말을 마치 경연 대회를 하듯 풀어 놓는다. 종이 울리고 나서야 겨우 난장판 같은 수업이 마무리된다.

115

며칠 뒤 도원이와 희혁이, 용근이가 복도에서 소리치며 뛰어
노는 야생 동물 놀이를 하다가 옆 반 선생님에게 잡혀 왔다.

"무슨 일인지 설명해 봐."

차 샘은 이렇게 말해 놓고는 아이들의 말을 듣는 둥 마는 둥
이다.

"그러니까 중요한 건 너희들은 크게 잘못한 것이 없고, 옆 반
샘이 오해한 것이며, 너희들보다 더 크게 징난치며 논 다른 반 아
이들은 다 빠져나갔다는 말이구나."

아이들은 미소를 지으며 핵심을 짚어 내는 차 샘을 보면서 대
단하다는 생각이 들면서 뒤통수가 서늘해지는 느낌을 지울 수가
없다. 이럴 땐 바짝 긴장해야 한다.

"그래서 너희들은 잘못한 게 없단 말이지?"

'대충 넘어가면 될 걸 왜 물어보시지?'

용근이는 이렇게 생각하면서 더 이상 말을 했다간 무슨 봉변
을 당할지 몰라 입을 다문다.

"이번엔 차 샘이 직접 너희들에게 물어보겠다."

도원이, 희혁이, 용근이는 동시에 고개를 들고 차 샘을 쳐다
본다.

"너희들은 좋은 아이냐, 나쁜 아이냐?"

둘 중 하나를 고르면 된다. 당연히 좋은 아이를 고르면 끝날

것 같지만 그러기엔 뭔가 켕기고, 나쁜 아이를 고르면 지금껏 했던 변명이 거짓이란 걸 스스로 증명하는 것이니 진퇴양난이다. 아이들은 다시 꿀 먹은 벙어리가 된다.

"모두 대답을 안 하니 한 명씩 물어봐야겠네. 도원이는 좋은 아이냐, 나쁜 아이냐?"

"전 좋은 아이입니다."

역시 셋 중에서 머리 회전이 빠른 도원이는 정석을 선택한다.

"그럼 지금 한 행동은 좋은 아이가 하는 행동이니?"

도원이는 얼른 입이 떨어지지 않는다.

"이번에는 희혁이에게 묻겠다. 넌 좋은 아이냐, 나쁜 아이냐?"

"전 나쁜 아이입니다."

앞에 도원이가 당하는 걸 본 희혁이는 금세 꼬리를 내린다.

"왜 나쁜 아이라고 생각해?"

"제가 잘못을 했으니까요."

"잘못하면 모두 나쁜 아이가 되는 거야?"

희혁이는 대답을 못 한다.

"잘못은 누구든지 할 수 있어. 여기 차 샘도 어릴 적 무수히 많은 잘못을 하고 컸다. 그럼 차 샘도 나쁜 사람이니?"

지금까지 고개를 숙인 채 대답을 하던 희혁이가 얼굴을 들어 차 샘을 빤히 쳐다본다.

117

마지막으로 남은 용근이는 머릿속이 복잡하다.

"용근이가 남았네. 넌 어떤 아이니?"

"그건 누가 정하는 건가요?"

"물론 네 자신이 정하는 거지. 다시 한번 물어볼게. 넌 좋은 아이냐, 나쁜 아이냐?"

"전 잘 모르겠어요."

좋은 아이라고 해도, 나쁜 아이라고 해도 결국 차 샘의 말발에 넘어갈 것이 뻔하기에 용근이는 모르쇠 전술로 대응한다.

"용근이가 모르면 누가 아니? 그럼 차 샘이 널 나쁜 아이라 여겨도 되니?"

"그건 아닌 것 같아요."

"그럼 넌 좋은 아이니?"

용근이는 차마 자기 입으로 좋은 아이란 말은 하지 못하고 우물쭈물한다.

"용근이가 용근이에게 좋은 아이라고 해 주지 않는데 누가 널 좋은 아이라고 생각해 주겠어?"

"좋은 아이는 어떤 아이인가요?"

드디어 용근이가 미끼를 물었다.

"좋은 아이는 스스로를 좋은 아이라고 생각한다. 그런 아이는 자신이 좋은 아이란 걸 알기 때문에 좋은 말과 행동을 한다. 그렇다고 매번 좋은 말과 행동을 할 수는 없다. 가끔 나쁜 말과 행동을 하기도 한다. 여기가 중요하다. 가끔 하는 나쁜 말과 행동 때문에 나쁜 아이가 되는 것은 아니다. 그럴 땐 인정하거나 사과하면 된다. 사과로 안 될 땐 물어 주면 된다."

용근이는 아직 확신이 서지 않는다. 차 샘의 말이 맞긴 하지만 다른 어른이나 아이는 차 샘처럼 말해 주지 않기 때문이다. 확인이 필요하다.

"차 샘은 제가 어떤 아이라고 생각하세요?"

용근이가 되묻는다.

"난 용근이가 좋은 아이라고 생각해. 물론 도원이와 희혁이도 좋은 아이라고 여기지."

"아니, 왜요? 희혁이는 자기 스스로 나쁜 아이라고 했잖아요."

"그런 건 상관없어. 차 샘은 좋은 사람이니까! 난 우주 최고의 선생님이고 좋은 사람이야. 내가 좋은 사람이기 때문에 우리 반 아이들은 모두 좋은 아이라고 생각하지."

차 샘의 자랑질은 언제 들어도 익숙해지지 않지만 용근이는 이 순간만큼은 그 말을 믿고 싶다.

"좋은 사람이란 증거가 있어요?"

용근이는 끝까지 의심의 끈을 놓지 않는다.

"증거? 그게 왜 필요해? 내가 좋은 사람이면 되지. 좋은 사람

119

이니까 좋은 사람의 말과 행동을 하려고 노력해."

"그것만 하면 되나요?"

"깽판을 치면 맷값을 물듯이, 차 샘도 잘못하면 인정하고 사과해. 물론 그게 싫고 어렵지. 그래서 평소에 조심하는 거야. 그래도 차 샘이 좋은 사람이란 사실은 변함이 없어."

용근이는 마지막 넘어야 할 고비에 섰다.

"용근이는 좋은 아이냐, 나쁜 아이냐?"

"전 좋은 아이입니다."

"좋아! 도원이, 희혁이 너희는 어떤 아이냐? 어, 대답이 0.5초 늦는데 모두에게 다시 묻겠다. 너희들은 어떤 아이냐?"

"전 좋은 아이입니다!"

아이들은 우렁찬 목소리로 합창을 한다. 그러고는 어색하면서도 뭉클한 감정을 지울 수 없는 얼굴로 서로를 바라본다. 차 샘을 쳐다보는 얼굴에도 신뢰와 믿음이 가득하다.

"그래, 좋아. 너희들은 좋은 아이야. 그러니 맷값은 치러야지?"

오잉, 이 무슨 날벼락이란 말인가!

"샘, 그런 게 어디 있어요?"

용근이가 항의를 한다.

"뭐시라? 잘못은 용서 받을 수 있지만 잘못 자체가 사라진 건 아니다. 한 명씩 일루 와!"

대마왕 차 샘과 못 말리는 귀염둥이들

교실 앞에선 레슬링 판이 벌어진다. 귀염둥이들은 대마왕 차 샘의 헤드록에 이은 해머링 공격에 나자빠진다. 교실 안에는 왁 자한 웃음이 번진다.

'어쩐지 쉽게 넘어간다 했다.'

귀염둥이들은 헝클어진 머리를 매만지면서 교실 문을 나선다.

한 가지만 지켜 봐!

'나쁜 아이가 아니란 말이지?'

용근이는 요즘 학교 다니는 데 재미를 붙이고 나름 잘 다니고 있다. 이것은 보통 아이들의 기준과는 다르다. 그동안 용근이는 지각이 일상이었고, 열 시 전에 학교에 오면 그날은 일찍 온 것이었다.

매일 아침 차 샘은 용근이에게 전화를 한다. 그럼 용근이는 마지못해 학교에 온다. 부모님은 일하러 다니느라 바빠서 용근이를 내버려 두다시피 한다. 차 샘도 처음에는 용근이의 사정을 모르고 학교에 늦게 온 것을 나무랐다가 가정 방문을 하고서야 집안 사정을 알아차리고 특별한 차별 대우를 하기 시작했다.

"왜 차별 대우 해요?"

손톱만 한 불평등도 칼같이 찾아내서 항의하는 귀염둥이들. 하지만 용근이에게만큼은 예외다. 그만큼 용근이는 이전 학년에 초특급 귀염둥이였고, 지금도 여전히 그 지위를 유지하고 있다. 특히 성질이 나면 물불 안 가리고 대거리를 해 대는 통에 어지간하면 건드리지 않으려고 한다. 그럼에도 아이들과 그냥저냥 지내는 이유는 잘 해 줄 때는 간, 쓸개 다 떼어 줄 정도로 자신이 가진 걸 몽땅 주는 화끈한 성격에 나름 붙임성도 있기 때문이다. 그런 아이들의 눈에 용근이와 잘 대거리를 하는 차 샘이 신기하기만 하다.

"글자 몰라요."

학년 초에 용근이가 하도 학교에 지각을 하자 차 샘은 전화를 하고 문자를 보냈다. 용근이는 아무 답이 없다가 느지막하게 학교에 왔다. 그때 차 샘이 문자 보낸 것 읽어 봤느냐고 묻자 용근이는 1초의 망설임도 없이 이렇게 퉁명스럽게 대답했다. 차 샘은 화가 나는 걸 꾹 누르고 다시 물었다.

"글자를 모르는데 페이스북은 어떻게 하냐? 요즘은 글자 몰라도 게임을 할 수 있나 보지?"

차 샘이 들으면 당황할 만한 말들만 골라서 하는 용근이와 한마디도 놓치지 않고 돌직구를 날리는 차 샘의 대화를 지켜보는 다른 귀염둥이들은 꿀잼이다.

"아이 샘, 글자보다는 아이콘을 보면서 게임을 할 수 있어요."

용근이는 늦게 온 것은 아랑곳하지 않고 어느 순간 능청스러운 미소를 지으며 차 샘이랑 농담 따먹기를 하고 있다.

"그래? 페이스북에 가입하려면 만 열네 살 이상이 되어야 하는데 어떻게 가입했데? 생년월일을 가짜로 적었지?"

용근이는 못 들은 척 교과서를 찾는다. 차 샘은 그런 용근이의 모습을 잠시 바라보다가 수업을 시작한다.

수업 시작한 지 10분도 지나지 않아 용근이는 몸을 뒤틀기 시작한다. 그러더니 한마디 한다.

"샘, 그거 알아요?"

"뭔데?"

"저 앞산엔 동굴이 있어요."

"자연적으로 생긴 거냐? 아니면 인공적으로 만든 거냐?"

"뭐가 달라요?"

"자연적인 동굴이면 야생 동물들의 은신처일 것이고, 인공적인 동굴이면 터널 공사지."

"터널은 아니에요."

"동굴이 크냐?"

"애들 몇 명이 들어갈 정도로 커요."

"동굴 안쪽 끝까지 가 봤냐?"

"아니요."

"아마 동굴 끝엔 맹수들이 너희를 노리고 있었을 거다."

6학년이나 되었지만 이 정도의 말에도 용근이는 무서운 듯 목을 움츠린다. 차 샘이 들어 보니 2, 3년 전 이야기인 듯했다. 용근이는 끊임없이 주리를 틀었고, 차 샘의 레이더를 건드렸다. 나름대로 밀고 당기기를 한다. 여기저기서 주워들은 이야기, 겪었던 이야기를 풀어 놓는데, 잘 들어 보면 용근이식 '라떼'를 말하고 있다. 용근이는 3, 4학년 때가 좋았던 모양이다. 그땐 덩치도 또래보다 크고 힘도 세서 밀리지 않았는데 지금은 평균 정도 되는 키에 살도 찌고 게으르다.

공부는 하기 싫고 노는 건 좋은데 어찌 된 건지 점점 노는 아이들이 줄어들어 내심 속이 상한 모양이다. 그도 그럴 것이 다른 아이들은 쑥쑥 자라는데 용근이는 성장이 더디니 수준이 안 맞는 것이다. 거기다 자기 잘나갈 때만 생각해 성질은 있는 대로 부리니 용근이가 뿌리는 간식이나 선물이 필요한 한두 명의 아이만 놀아 줄 뿐 웬만하면 같이 놀지 않는 눈치다.

그렇다고 공부는 죽어라 하기 싫은 용근이가 차 샘을 만났다고 해서 공부를 할 리도 없다.

"중학교 안 갈 거예요."

차 샘이 공부하라고 하면 용근이는 입버릇처럼 이렇게 말한다. 지금도 수업을 따라가기가 힘든데 중학교 가 봐야 더 힘들어질 거라는 걸 아는지 포기 모드로 나간다. 포기도 화끈하게 성질 부리면서 하니 이 녀석도 어지간한 귀염둥이임은 분명하다.

어느 날 차 샘이 넌지시 떠 본다.

"중학교까진 의무 교육이라 이유 없이 안 가면 안 될 텐데."

"안 가면 어떻게 되는데요?"

"의무 교육은 국민의 권리이자 의무야. 의무를 다하지 않으면 처벌을 받겠지?"

"전 미성년자라서 처벌 안 받아요."

"그래? 그럴 수도 있겠네. 대신 널 교육해야 할 부모님이 책임져야겠지."

"감옥에 가나요?"

"그건 네가 알아봐. 내가 친절하게 다 알려 줄 의무는 없으니까."

입을 댓 발이나 내밀고 삐죽거리던 용근이는 그날 이후 중학교에 안 간다는 말은 하지 않는다.

오늘도 용근이는 느지막이 학교에 와서 씩씩거린다. 늦게 온 이유도 다양하다. 너무 일찍 일어나 다시 잠든 건 다반사고, 엄마가 늦게 깨워서, 나오려고 하는데 똥이 급해서, 이건 뭐 날이 좋아서, 날이 나빠서 수준의 이유는 화수분처럼 생겨난다.

차 샘이 먼저 말을 건다.

"더럽게 공부하기 싫은 모양이구나."

"차 샘도 욕해요?"

"욕이라면 너희들 합쳐 놓은 것보다 더 잘할 거야. 다만 하지 않을 뿐이지."

"왜요?"

"욕을 하지 않아도 표현할 수 있는 다양한 방법이 있는데 무식하게 욕을 할 필요는 없지."

"더럽게는 욕 아니에요?"

"더럽게는 욕이 아니라 비속어라고 부르는 거야."

"비속어가 뭐예요?"

"궁금하면 공부해."

용근이는 대마왕이 무섭지 않다. 다른 아이들은 대마왕의 돌직구가 무섭다고 하는데 별거 아니라고 생각한다. 늘 용근이가 차 샘에게 선빵을 날린다고 생각하지만 시작하다 보면 늘 이런 식으로 말꼬리가 잡힌다.

그러던 어느 날, 점심시간이 가까워 오자 용근이는 배가 고프다고 난리다.

"차 샘, 몇 시예요?"

"교실 뒤에 시계가 있잖아. 그거 봐라."

"저 시계 볼 줄 몰라요."

"그래? 시계 떼어서 가져와 봐."

차 샘도 용근이가 시계 보는 법을 모른다고 생각하지 않는다. 반쯤 장난삼아 놀리려고 가져오라고 했는데, 용근이는 정말 시계 보는 법을 모른다.

"이게 열두 시인 건 알겠냐?"

"작은바늘은 시간인 걸 알겠는데 큰바늘이 돌아가면 모르겠어요."

차 샘은 차근차근 용근이를 가르친다. 다른 아이들은 신기한 듯 쳐다본다. 용근이는 아이들의 시선쯤은 아랑곳하지 않고 몰랐던 것을 알았다는 사실에 기쁨이 피어오른다.

"용근이에게 필요한 공부는 외우고 문제를 풀고 시험을 치는 게 아니야."

"그럼 뭘 공부해야 해요?"

"시계 보는 법을 배웠으니 이번엔 사물함 정리하는 법을 배우자."

"어떻게 하는 건데요? 그냥 넣으면 되는 거 아니에요?"

"책은 세워 두고, 남은 공간에 다른 물품을 정리해."

"왜 책을 세워야 하는데요?"

"세워야 책이 안 상하고 다른 것을 넣을 공간도 많이 남는다."

용근이는 처음으로 대꾸하지 않고 사물함 정리를 한다. 느릿느릿.

"한 가지씩 지켜 봐. 뭘 해야 할지. 한 가지가 끝나면 다른 걸 알려 줄게."

"이거 하면 공부 잘할 수 있어요?"

"성적은 지금보다 떨어지지 않을 거다. 그래도 다행스러운 건 더 떨어질 데가 없다는 거야. 대신 성적보다 더 중요한 것이 있어. 생활에 도움이 되는 것 한 가지씩을 지키다 보면 네 인생이 달라질 거야."

"어떻게 달라지는데요? 돈도 많이 벌 수 있어요?"

"그건 해 보면 안다."

"피~."

용근이는 입술을 쭉 내밀더니 느릿느릿 사물함 정리를 마저 한다. 그렇게 하루는 또 지나간다.

레드카드, 옐로카드
그리고 블루카드

7월의 무더위가 한껏 무르익으면 교실엔 나른한 여유로움이 넘실거린다. 기다리고 기다리던 여름 방학이 눈앞에 다가왔기 때문이다. 칠판에 써 놓은 여름 방학 디데이 숫자가 하루하루 줄어들수록 기대는 더 높아진다.

"이대로 다 지킬 수 있어?"

차 샘은 수경이가 열심히 짜 놓은 방학 계획표를 흘끗 보고는 심드렁하게 한마디를 흘리며 지나간다.

'뭐야? 열심히 짰는데 너무한 거 아냐?'

화가 난 수경이는 인상을 찌푸리며 지우개로 빡빡 문질러 지운다. 수경이가 그러거나 말거나 차 샘은 교실을 돌아다니며 아이들의 계획표에 칼질을 한다.

수경이는 자기가 만든 방학 계획표를 다시 들여다본다.

기상, 씻기, 밥 먹기, 공부, 밥 먹기, 독서, 공부, 운동, 놀기, 잠자리. 몇 시부터 몇 시까지 무엇을 어떻게 할 건지 빼곡하게 적어 놓은 계획표를 보며 내심 흐뭇했는데 도대체 차 샘은 뭘 다시 하라고 하는지 이해할 수 없다. 그래서 차 샘에게 묻는다.

"샘, 제 계획표가 뭐가 잘못되었어요?"

"너 그거 다 지킬 수 있니?"

"다 지킬 수 있어요. 방학 때마다 다 했단 말이에요."

"정말이야? 혹시 계획표만 잘 만들었던 것은 아니고?"

훅 들어오는 차 샘의 돌직구. 그렇다고 여기서 물러설 수는 없다. 수경이는 어떻게 말해야 하나 머리를 굴리면서 짓궂게 쳐다보는 차 샘의 눈길을 맞받는다.

"매일 제시간에 일어나 씻고, 밥 먹고, 독서와 공부를 한다는 건 좋은 계획이지. 그러나 계획이 계획만으로 끝나면 안 세운 것보다 효과가 없어. 다시 한번 물어볼게. 이제껏 방학 때마다 정해진 시간에 계획된 일을 한 번도 빠뜨린 적 없어?"

더 이상 대꾸할 말이 없다. 수경이의 얼굴이 빨개진다.

"수경이의 계획표는 훌륭해. 계획대로 실행한다면 완벽하지. 물론 수경이는 최대한 계획이 어긋나지 않게 노력할 거야. 하지만 실제로 하다 보면 계획대로 되지 않을걸."

"제가 노력하면 되는 거 아닌가요?"

"그렇긴 하지. 하지만 나 혼자 노력한다고 해서 되는 게 아니야. 만약 부모님이 아프셔서 수경이의 식사를 못 챙겨 준다면? 혹은 수경이가 아파서 못 일어난다면? 이런 예기치 못한 상황은 너무나 많아. 그걸 다 조절할 수 있다고 생각해?"

차 샘과 수경이의 대화는 어느덧 모든 아이들의 이목을 집중시키고 있다. 하긴 이때까지 방학이면 의례적으로 방학 계획표를 만들었지만 왜 하는지, 지킬 수 있는지 생각하거나 점검해 본 적이 없다.

"그럼 어떻게 해야 하나요?"

"방학 때는 쉬고 노는 것이 우선이야."

차 샘의 말에 수경이는 눈이 번쩍 뜨인다. 그러나 방학 때 쉬거나 놀고 싶다고 해도 그것을 계획으로 세울 수는 없지 않은가. 그동안 계획표에는 공부한다고 해 놓고 짬짬이 놀긴 했지만, 쉬고 노는 것으로 방학 계획표를 채우기에는 뭔가 찜찜하다. 차 샘은 이 순간을 놓치지 않는다.

"쉴 만큼 쉬고 놀 만큼 놀고 나면 하고 싶은 것이 생길 거야."

"한번 놀면 끝까지 놀게 되지 않을까요?"

"생각보다 노는 게 힘들어. 그런 생각을 하는 건 한 번도 제대로 쉬거나 놀아 본 적이 없어서일 거야."

수경이는 눈물이 날 것 같다. 심술궂은 대마왕한테서 이런 말을 듣다니. 생각해 보면 방학 때 제대로 쉬기는커녕 학원을 더 열심히 다녔던 것 같다. 수경이는 고민 끝에 평소에 못 해 본 것을 하기로 계획을 짜기로 했다.

"샘, 방학 때 숙제는 없죠?"

도원이가 방학 숙제 이야기를 꺼내자 다시 교실은 웅성거린다.

"방학 숙제가 없긴 왜 없어?"

차 샘의 말에 일순간 교실은 다시 적막이 감돌고 귀염둥이들은 놀라서 눈이 왕방울만해진다.

"죽지 말고 살아서 돌아와야 한다!"

차 샘이 한마디 던진다. 그러자 아이들은 안도의 한숨을 내쉰다. 하지만 엉뚱한 차 샘이 그냥 넘어갈 리 없다. 차 샘은 별말 없이 칠판에 빨간색, 노란색, 파란색 카드를 붙인다.

"그 카드는 뭐예요?"

도원이가 궁금증을 참지 못하고 묻는다.

"이제부터 레드카드, 옐로카드, 블루카드에 대해 설명을 하겠다. 차 샘은 시험만으로 너희를 평가하지 않아. 시험 100점 맞았다고 해서 크게 칭찬하지도 않고, 못 봤다고 해서 무시하지도 않는다. 대신 너희의 태도에 대해선 매 순간 평가하고 기억해. 여기 보이는 레드카드, 옐로카드, 블루카드는 평소에 너희에게 준 평가의 결과야. 레드카드는 가장 나쁜 평가 결과야. 차 샘과 공부를 해도 효과가 없을 뿐만 아니라, 3월보다 더 나빠진 경우지. 옐로카드는 완전히 망가진 것은 아니지만 그럴 가능성이 있거나 경계선에 있는 경우야. 블루카드는 태도가 좋은 아이에게 주는 차 샘의 선물이기도 해."

"블루카드엔 무슨 선물을 주시는데요?"

도원이가 선물이란 말에 급 관심을 보이고 묻는다.

"방학 때 마음껏 놀게 해 달라고 부모님께 부탁하는 거지."

"그게 가능해요?"

"생각해 봐라. 선생님이 직접 부모님께 연락해서 학교생활 잘하고 태도가 좋아 스스로 공부할 수 있는 아이니까 이번 방학에 마음껏 놀게 해 달라고 하면 안 들어주실까?"

"우리 부모님은 안 들어주실 것 같은데요."

"그런 의심을 하면 블루카드 못 받아. 고로 넌 블루카드는 아니지."

"그럼 전 무슨 카드인데요?"

차 샘은 대답을 미루고 아이들을 둘러본다. 모두 자신이 어떤 카드를 받을지 궁금한 눈빛이다.

대마왕 차 샘과 못 말리는 귀염둥이들

"난 자기가 어떤 카드를 받고 있는지 궁금한 사람에게만 알려 준다. 그것도 공개적으로 말이야. 자기 카드가 어떤 것인지 궁금 하면 이 정도 용기는 내야 하지 않겠니?"

판은 벌어졌다. 여기저기서 눈치 게임이 시작된다.

"용주가 가장 확실한 블루카드다."

눈치만 보며 주저하는 아이들을 보고 차 샘이 먼저 선수를 친다. 누가 블루카드를 받을 것인가 궁금하지만 대충 예측은 가능하다. 하지만 용주는 의외다. 갑자기 자기 이름이 불린 용주는 놀라서 차 샘을 쳐다본다.

"용주는 누구보다 밝게 인사한다. 친구들을 밝은 얼굴로 대하고, 수업 시간에 선생님의 말을 하나라도 더 들으려고 노력해. 잘 살펴보면 용주는 자신을 사랑하고 아끼는 것 같아. 그래서 친구들에게 믿음을 주지. 특히 청소할 때 얼마나 훌륭한지를 알 수 있어. 누가 지켜보지 않아도 자기가 해야 할 일을 한 번도 미루거나 대충 한 적이 없어. 게다가 용주가 청소한 자리는 반짝반짝하지."

용주의 얼굴이 빨개진다. 하지만 입가에 흐르는 미소는 감출 수 없다.

누구는 공부를 잘해서, 누구는 상을 받아서, 누구는 문제를 잘 풀고 발표를 잘해서 블루카드를 받을 거라는 짐작으로 위축되었던 귀염둥이들은 여기저기서 자기가 무슨 카드인지를 묻는다.

135

"넌 블루로 가고 있는 옐로카드야. 투덜거리는 버릇만 고치면 블루가 된다."

"넌 옐로카드. 그렇지만 3월엔 레드카드에 가까웠어."

"넌 블루카드에 가까웠는데 점점 옐로카드에 가까워진다. 학교는 노는 곳이 아니야. 학원에서 공부하고 왔다고 학교에서 대충 하면 표 난다."

서로 알고는 있었지만 대놓고 말하지 못한 아이들의 행동을 카드 석 장으로 다 풀어 놓는 대마왕의 평가에 귀가 솔깃하면서도 심장이 쫄깃거린다. 남들 이야기를 들을 땐 재미있지만 정작 자기 이야기에는 쥐구멍에 숨고 싶은 마음이다. 그런데 이상하다. 분명 옐로카드는 경고의 표시인데 차 샘한테 듣는 자기 이야기가 전혀 듣기 싫은 건 아니다. 좋고 나쁜 건 아이들도 안다. 하지만 못하는 걸 인정하긴 싫고, 비교당하기 싫어서 들키고 싶지 않을 뿐이다. 오히려 차 샘한테 듣고 나니 홀가분한 마음도 생긴다.

"샘, 레드카드는 없어요?"

"올해는 레드카드가 없다."

레드카드가 없다는 차 샘의 말에 아이들은 의미심장한 표정을 주고받는다. 수찬이와 용근이도 안도의 한숨을 쉰다.

"카드는 한 번 받았다고 해서 그대로 정해지는 게 아니야. 그리고 차 샘 볼 때만 잘 하고, 안 볼 땐 엉망으로 하면 다 표 난다.

낮말은 새가 듣고 밤말은 쥐가 듣는다는 관용적 표현 배웠지?"

차 샘은 말을 이어 간다.

"참, 옐로카드 받은 아이는 방학 숙제가 있다. 자기가 정한 한 가지 숙제 해 오기. 대신 발표할 수 있는 것이면 뭐든지 가능해."

카드만 생각했지 방학 숙제에 대해선 까맣게 잊고 있던 귀염둥이들이 구시렁거린다.

"칼같이 검사할 거니까 열심히 해 와."

"우~."

귀염둥이들은 붕어가 되어 입을 쭉 내밀고 항의한다.

"어쭈, 표정 관리 안 하지?"

혹시나 하고 찔러 보던 옐로카드를 받은 귀염둥이들은 어느새 끼리끼리 모여 방학 숙제에 대해 의논을 한다. 그런 아이들을 뒤로하고 차 샘은 방학식까지의 날짜를 세고 있다. 물론 방학이 끝나면 차 샘은 자기가 냈던 숙제도 까먹을 것이다. 차 샘은 대마왕이면서 금붕어니까.

대마왕과 귀염둥이들의 잔혹 동화

| 남학생 편 |

    우리 반 교실에는 자존감이 낮으면서 문제를 일으키는 귀염둥이들이 있다. 모두 제각각 사연이 있지만 나쁜 아이들은 아니다. 실제로 상담을 하고 나름의 역할을 부여하면 조금씩 나아지기도 한다. 그러나 이들이 모여 있으면 왠지 불안하다. 귀염둥이들은 함께 어울려 노는 놀이 집단이면서 동시에 견고한 먹이 사슬을 이루고 있다.

    3, 4교시 국어 수업 시간. 욱둥이, 깐죽이, 허우대, 남캔디, 까불이가 상황극을 한다. 분명 차 샘은 자유롭게 모둠을 정하라고 했는데, 미리 짜기라도 한 듯 이 귀염둥이들이 같은 모둠이 되었다. 영화를 보고 난 뒤 이어질 내용을 상상해서 해 보는 상황극 연습은 귀염둥이들에겐 절호의 찬스다. 대마왕의 눈을 피해 교실에서 공개적으로 놀 수 있다. 그것도 상황극을 핑계 삼아 소리도

지르고 뛰어다녀도 된다. 두 시간을 아주 신나게 뛰어논다. 하지만 귀염둥이들은 모르고 있다. 저 멀리 교탁에서 대마왕 차 샘의 시선이 이 귀염둥이들에게 꽂혀 있다는 사실을.

드디어 상황극을 발표할 순간이 왔다. 귀염둥이 모둠은 갈고 닦은 연기력을 선보인다. 어마어마하다. 욱둥이의 모기 소리만 한 발성, 깐죽이의 손가락 끝만 움직이는 세심한 연기력, 허우대와 남캔디, 까불이가 펼치는 체력 소모 방지용 정지 연기. 연습 때의 그 세상을 씹어 삼킬 듯한 포효는 어디 가고 이런 어색한 발연기를 한단 말인가? 그중 연습 때 가장 눈에 띈 욱둥이에게 첫 미끼를 날리는 차 샘.

"욱둥이는 어떤 역할이야?"

"서 있는 사람인데요."

"그건 등장인물에 없잖아."

"제가 만든 건데요."

"그럼 연습 때 했던 소리 지르고 뛰어다니는 연기는 왜 안 해?"

"……."

세상 자애로운 대마왕 차 샘은 위기에 빠진 욱둥이를 구제하려 새로운 제안을 한다.

"너에게 기회를 한 번 더 준다. 금요일 음악 시간에 원하는 노래와 춤 중에 하나를 발표할 기회를 주지. 물론 네가 선택해라."

똥 씹은 표정의 욱둥이. 그러나 어쩔 것인가? 여기서 한마디 더 했다간 차 샘의 갖은 취조와 협박에 시달릴 것이 뻔하다. 그래도 혼자 죽을 수는 없다.

"다른 애들은 안 해요?"

"당연히 준비되어 있지. 나머지 귀염둥이들은 욱둥이의 공연이 끝나고 댄스 배틀을 한다."

욱둥이가 대표로 차 샘에게 깨지고 있으니 나머지 귀염둥이들은 찍소리도 못 한다. 그렇게 시간이 흘러간다.

고자질하는 건 차 샘을 돕는 게 아니야

하교 시간, 어찌 된 일인지 욱둥이가 긴급 사건 제보를 날린다.

"샘, 깐죽이가 장난 전화를 했어요."

짧은 순간에 수많은 시나리오가 차 샘의 머리를 스친다. 곧 이인자 깐죽이를 차 샘에게 먹이로 던져 빠져나가려는 욱둥이의 술책임을 간파한다.

"그래? 여기에 관련된 아이들은 모두 남아라. 물론 욱둥이는 신고했으니 남아야지."

그때 먹이만 던져 주고 튀려 했던 욱둥이의 동공이 흔들린다. 뭔가 잘못되었다는 것을 알아차렸지만 어쩔 수 없다. 차 샘은 한술 더 떠서 일을 크게 만든다.

"귀염둥이들과 차 샘의 대화를 듣고 싶은 사람은 남아서 관람해도 된다."

공개적으로 대마왕과 귀염둥이들의 대화를 들으라고 하자 몇몇 아이들이 관심을 보인다. 그러나 막상 대화를 시작하자 다 사라지고 없다.

욱둥이와 깐죽이 외에 허우대, 남캔디, 까불이가 남았다. 대마왕은 귀염둥이들을 한자리에 모아 놓고 순식간에 일제 고등계 형사 스즈키로 변신한 뒤 돌직구 같은 질문을 날린다.

"깐죽이는 장난 전화를 한 것이 맞느냐?"

의외로 깐죽이는 바로 인정한다. 차 샘과 대거리를 해 봤자 이득이 없다는 걸 알고 있기 때문이다. 자초지종을 들어 보니 장난 전화라는 게 아무 번호나 누르고 상대가 받으면 '장난 전화다!' 하고 끊는 유치한 수준이다. 초인종 '벨튀'의 휴대 전화 버전이다.

차 샘은 다음으로 욱둥이에게 화살을 돌린다.

"근데 욱둥이는 왜 이걸 차 샘에게 일렀니?"

"선생님이 아셔야 할 것 같아서요."

"장난 전화가 나쁘다는 것은 알고 있니?"

"알죠."

"그럼 왜 깐죽이가 장난 전화 할 때 말리지 않았니?"

욱둥이는 화들짝 놀란다.

"깐죽이에게 싸움으로 못 이기니?"

"그건 모르겠고 지지는 않아요."

"내가 알기론 우리 학년에서 널 이길 아이는 없을 텐데."

욱둥이는 더 이상 반격할 말이 없다.

대마왕은 서서히 포위망을 좁혀 들어간다.

"고자질은 힘 약한 아이들이 선생님의 힘을 빌려 혼내 주기 위해 하는 건데, 넌 깐죽이보다 힘도 세고 싸움도 잘 하는데다 나쁜 짓이니까 하지 말라고 하면 되잖아. 왜 고자질을 했니?"

욱둥이는 꿀 먹은 벙어리가 된다. 그도 그럴 것이 욱둥이는 이 귀염둥이들의 대장으로 덩치가 크고 힘이 세며 나름 리더십도 있다.

그때 깐죽이가 툭 나선다.

"저만 그런 거 아니에요. 허우대와 남캔디와 까불이도 했어요."

되는 날이다. 깐죽이가 스스로 무덤을 판다. 깐죽이는 자기가 피해 가려고 허우대와 남캔디와 까불이를 대마왕에게 먹이로 던졌다. 대마왕이 욱둥이를 몰아붙이는 것을 보며 탈출구를 찾았다고 생각한 것이다.

아이들은 널 믿지 않아

"그래서 깐죽이 네 잘못은 없단 말이냐?"

표적을 다시 깐죽이에게 정조준한 대마왕의 낮은 포효가 불을 뿜는다. '저만 그런 거 아닌데요?'의 특효약인 '그래서 네 잘못은 없단 말이냐?'의 돌직구를 맞고 휘청거리는 깐죽이를 차 샘은 집요하게 몰아붙인다. 나름 번뜩이는 말솜씨를 가지고 있어 바늘구멍이라도 보이면 그 틈새를 비집고 들어가 상대의 약점이나 자신의 퇴로를 확보하는 데 누구보다 일가견이 있는 깐죽이.

"만약 욱둥이가 장난 전화를 했다면 그것도 선생님한테 일러 줄 거냐?"

차 샘은 깐죽이의 가장 큰 약점인 욱둥이와의 서열 관계를 들먹인다. 여기서 끝내면 대마왕이 아니다. 깐죽이에게 '비겁하다'의 카드를 준비하고 있다.

깐죽이는 진퇴양난에 빠졌다. 깐죽이가 욱둥이의 장난 전화를 차 샘에게 이르지 않는다고 하면 다른 아이와 차별하는 게 된다. 반면에 이르면 욱둥이의 서열에 도전하는 것이다. 뭘 선택하든 비겁하다.

왜냐? 깐죽이는 욱둥이의 잘못은 묵인하거나 공유한다. 공유할 때가 더 많다. 놀리거나 장난을 칠 때 욱둥이와 편을 먹으면 세상 편하게 살 수 있다. 그런데 이번에는 정말 재수가 없다. 대마왕 차 샘한테 걸렸기 때문이다. 사실 차 샘은 욱둥이와 깐죽이의 상위 호환하는 어린 시절을 보냈던 터라 아이들이 선생님을 어떤 방식으로 대할지 훤히 알고 있다.

차 샘은 욱둥이와 깐죽이를 떡실신시킨 뒤 이번에는 허우대에게 화살을 돌린다. 욱둥이와 깐죽이가 나가떨어지는 것을 보며 허우대는 저항하기를 그만둔다. 허우대의 가장 큰 무기는 잘생긴 얼굴이다. 두 눈을 빛내면서 입에 침도 안 바르고 거짓말 아닌 거짓말하는 스킬을 쓰면 아무리 잘못을 해도 열에 아홉은 그냥 넘어간다. 물론 허우대는 거짓말이라고 생각하지 않는다. 불리한 것은 생각나지 않았을 뿐이다. 일부러 그런 것이 아니라 띄엄띄엄 이야기했을 뿐이다. 자기에게 유리한 것은 집중적으로 말하고 불리한 것은 두루뭉술하게 말했을 뿐이다.

특히 욱둥이와 깐죽이의 서열만 인정해 주면 큰 사고는 안 치는 잔챙이 놀이로 부스러기를 노릴 수 있어 부담 없이 장난의 대열에 합류한다. 또한 허우대는 귀염둥이 모둠의 마스코트이자 얼굴 마담으로 활동하면 대외적으로 모범생 이미지를 구축하는 데도 도움이 된다.

그런데 상대가 차 샘이다. 어떤 회피 기동도 잘 통하지 않는다. 이럴 땐 납작 엎드리는 것이 최고다. 얄미운 차 샘은 바위틈에 엎드린 허우대 위로 정찰 드론이라도 보낸 양 훤히 그 움직임을 파악한다. 최고의 연기력으로 말하고 있는데도 차 샘은 씨익, 특유의 사악한 미소만 짓는다. 불안하다. 동공이 흔들린다. 그러나 잊지 않는다. 구라의 완성은 연기력이다. 연기력의 절정은 표정이다. 표정의 핵심은 진지함이고. 잘생긴 얼굴에 진지함까지 갖춘 자신의 능력을 믿는다.

"어이 허우대, 샘한테 이렇게 걸린 게 이번이 몇 번째지?"

허우대의 동공에 지진이 일어난다. 예측 가능한 공격 방향이 아니다. 보통은 특정한 잘못을 했느냐 안 했느냐로 공격이 들어온다. 그러면 회피 기동을 하다 안 되면 인정하고 사과 혹은 반성 모드로 들어가면 된다. 그런데 몇 번 걸렸냐니?

그걸 어떻게 세고 있겠는가. 떨어지는 칼날과 덮치는 파도는 대항하면 안 된다. 엎드려 있으면 햇살이 나고 그러면 칼날과 파도를 던진 어른과 선생님은 잊어버린다. 뭔지 모르지만 어른들은 그렇다는 걸 알기에 차 샘에게도 기술을 걸었는데 완전 망했다.

차 샘의 핵돌직구는 계속된다.

"누가 봐도, 어떻게 봐도 허우대의 반성을 들으면 용서를 안 해 줄 수가 없어. 그런데 그게 반복되는 것이 뭘 의미하는 줄 아니?"

잘못은 말해 주지도 않고 계속 질문만 한다. 그냥 혼내면 좋을 텐데 질문을 하니 미친다. 대답하면 또 질문을 한다. 돌아 버린다. 아무 말 하지 않으면 대마왕의 잔소리가 늘어나는데 딱히 대항할 말이 없다.

"허우대를 안 믿는다는 거지."

아직 본진의 파도가 안 와서 이 말이 실감 나지 않는 허우대는 눈만 껌벅거린다.

"너의 열 가지 행동 중 대여섯 가지는 평범하고 두세 가지는 모범적이지. 한 가지 정도가 지적 받을 만한 행동이야. 지적 받을 만한 행동은 잘 드러나지만 모범적인 행동은 금방 칭찬 받거나 인정받기 어려워. 그런데 지적 받을 만한 행동을 계속 지적해도 고치지 않으면 네 모든 행동을 다른 사람들이 의심하기 시작한다."

뭔가 이상하다고 느끼는 순간 차 샘의 카운터펀치가 날아온다.

"넌 선생님과 친구들이 믿어 줘야 힘이 나는 이이야. 이걸 신뢰라고 해. 넌 이 말뜻은 몰라도 가장 중요하게 생각하지. 그런데 언젠가 아무도 널 믿지 못하는 상황이 올 거야. 저기 있는 너의 절친 귀염둥이들도 믿지 않을걸."

사실 허우대가 신뢰를 그렇게 중요하게 생각하는지 안 하는지 차 샘은 신경 쓰지 않는다. 하지만 상대의 신뢰를 받는 걸 싫어하는 아이는 없다. 허우대의 머릿속은 복잡해진다. 서열 3위인 허우대. 위로는 욱둥이와 깐죽이가 있고 아래로는 남캔디와 까불이가 있다. 남캔디는 공부를 잘하고 까불이는 만들기를 잘해서 인기가 있다. 그러나 자신은 잘하는 것이 없다. 욱둥이가 성질낼 땐 참아야 하고, 깐죽이가 살려고 자신을 팔아도 못 이기는 척 넘어가 주어야 한다. 오늘이 그런 날이다. 친구들이라 생각했는데 믿음이 없다.

허우대는 평소 불안하게 생각해 왔던 것을 차 샘이 말해 주자 눈물이 나려고 한다.

"정신이 없지? 그럴 거다. 일단 장난 전화에 대한 잘못은 인정했으니 이걸로 더 뭐라 하진 않겠다. 샘한테 이런 이야기 듣는 것만으로도 충분히 혼났어. 대신 수업 시간에 좀 더 집중하고 공부를 열심히 했으면 좋겠다. 너에겐 공부가 살 길이야. 대마왕 샘이 잘 가르쳐 줄 거니까 믿고 따라와. 할 수 있겠냐?"

여부가 있나. 물에 빠져 죽으려는 찰나 던지는 차 샘의 구명정에 올라타야 한다. 그래야 차 샘의 화살이 남캔디와 까불이에게 날아갈 것이다.

숨겨진 귀염둥이 남캔디의 선택은?

차 샘은 욱둥이, 깐죽이, 허우대를 제압하고 난 후 잔챙이인 남캔디와 까불이에게 화살을 돌린다. 남캔디와 까불이는 다른 아이들이 차 샘에게 나가떨어지는 것을 보고 긴장한다. 하지만 알고 있다. 자신들에게 화살이 직접적으로 날아오지 않을 가능성이 더 크다는 것을 말이다. 그동안의 경험이 그것을 증명해 준다.

선생님이든 부모님이든 아이들을 혼내고 지적하는 데에는 한계가 있다. 그리고 아이들을 지적하고 혼내는 것을 취미로 삼는 어른은 없다. 게다가 시간은 아이들 편이다. 견디면 시간은 흘러간다. 잘못을 인정하고 눈물을 보이거나 적어도 숙이는 모습만 보여도 용서를 받는다. 여기에 주동자와 반항자가 먼저 혼나기 때문에 남캔디와 까불이에게까지 차례가 오지 않는다.

"다음에 또 그러면 그땐 가만두지 않겠다."

이 정도 훈계는 남캔디와 까불이에겐 껌이다. 그러니 이들의

대마왕 차 샘과 못 말리는 귀염둥이들

커넥션은 점점 깊어 간다.

"남캔디, 넌 평소에는 세상 착한 아이처럼 보이는데 다툼이나 말썽에는 꼭 끼어 있더라. 주요리가 아니라 양념처럼 말이야. 이상하지 않니?"

차 샘은 에두르지 않고 바로 남캔디에게 화력을 투사한다.

남캔디 같은 아이들은 두 부류가 있다. 그 기준은 공부를 잘하느냐 또는 못하느냐다. 분류 기준이 공부인 이유는 이렇다. 남캔디는 나름 스트레스를 친구들과의 일탈로 푼다. 혼자 하면 독박을 쓴다는 것을 알기 때문에 무리를 지어서 한다. 거기서 주도적 역할을 하기보다는 장난의 정보 수집, 활로 개척 등의 주변 활동을 한다. 한마디로 뽐뿌질을 한다. 서열 관계를 인정하고 욱둥이에게 반항하지 않으며 깐죽이를 인정하고 가장 서열이 낮은 까불이를 무시하지 않는다. 그러니 무리 안에서도 적이 별로 없다. 여기에 머리까지 좋으면 완전 나이스한 위치 선점이다.

그래서 남캔디의 최대치는 깐죽이며, 못해도 허우대의 위치를 점한다. 우리 반 남캔디는 결정적으로 머리가 나쁘다. 그런데 태도는 나쁘지 않다. 이것이 남캔디를 공략하는 포인트다.

일단 차 샘의 레이더가 자신을 조준하고 있으니 남캔디는 '저한테 왜 이러세요?' 얼굴로 회피 동작에 들어간다. 선생님 눈을 바로 쳐다보되 절대 반항의 얼굴이 아닌 얼굴. 언제 추임새를 넣어야 하고 언제 고개를 끄덕여야 하는지 아는 센스. 어른의 목소리에 따라 자신의 목소리 강약마저 조절하며 대응한다. 완벽하다.

"너 요즘 고민이 있지 않니?"

차 샘의 한마디에 남캔디의 동공이 흔들린다. 차 샘의 질문 의도를 모르겠다. 최대한 머리를 굴린다. 그래도 이유를 모르겠다. 보통의 패턴에서 벗어난 차 샘의 돌발 질문에 이번 사건에 대처하려던 예상 답변이 다 무용지물이 되었으니 더하다.

차 샘은 이제껏 관찰한 남캔디의 모습을 공개적으로 이야기한다. 욱둥이, 깐죽이, 허우대, 까불이의 무리 속에서 남캔디가 어떻게 생존하는지. 남캔디는 까무러칠 지경이다. 더 놀라운 것은 따로 있다. 남캔디 자신의 생존 전략을 차 샘이 다 까발리고 있는데도 다른 귀염둥이들은 별 반응이 없다. 깐죽이만 뭔가 눈치를 챈 듯하다. 하긴 무리에서 깐죽이가 가장 머리가 좋으니 그럴 만도 하다.

그들 사이에 모종의 이면 계약이 있는지도 모른다. 어른들이 하는 건 아이들도 다 한다. 대신 계약서에 날인하고 그걸 주고받지 않을 뿐이다. 구두로 하는 아이들의 약속은 귀염둥이 사회에서는 꼭 지켜야 하고 이걸 못 지킬 때 그들은 '배신'이라 말하며 배신자의 매장은 이 바닥에선 철칙이다. 어른들은 이걸 '왕따'라고 부른다.

서열이 낮은 귀염둥이를 갈굴 땐 너무 오래 집중하면 안 된다. 그 시간에 욱둥이와 깐죽이가 전투력을 회복하기 때문이다.

'나만 아니면 된다.'

귀염둥이들은 '의리'를 중요하게 여기지만 가장 의리 없는 부분이 여기다.

차 샘은 간간이 욱둥이와 깐죽이의 전투력이 회복되지 않게 살포시 지르밟는 걸 잊지 않는다.

"허우대와 남캔디, 까불이도 장난 전화를 했다는데 욱둥이 넌 왜 하필 깐죽이가 한 것만 일렀지? 그거 비겁한 거야."

옆에서 히죽거리는 깐죽이에게도 돌직구를 날린다.

"어이 깐죽이, 좋아? 욱둥이하고 깐죽이는 성향이 안 맞아. 둘이 절친이지? 차 샘이 보기엔 욱둥이는 깐죽이를 이용하고, 깐죽이도 욱둥이를 이용하던데? 아니라고? 그럼 왜 오늘 서로의 약점을 차 샘에게 고자질했니?"

욱둥이와 깐죽이의 전투력을 방전시켜 놓고 마지막으로 남캔디를 그윽이 바라보는 차 샘. 남캔디는 죽을 맛이다.

"남캔디야, 넌 이제 선택해야 해. 그 짓 계속하다간 박쥐 된다.

대신 이걸 벗어나려면 해야 할 것이 있어. 들어 볼래?"

남캔디는 찝찝하지만 안 들어 보면 잠이 오지 않을 것 같다.

"넌 공부를 해야 해. 지금처럼 공부하는 시늉만 해선 안 돼. 특히 수학 시간에 문장으로 된 문제를 풀고 설명할 수 있어야 해. 그리고 칠판 앞으로 나와서 발표할 수 있는 수준이 되어야 해."

차 샘은 남캔디에게 공부라는 카드를 제시한다. 그 카드를 받느냐 아니냐는 남캔디의 선택이다. 선택까지 강요할 수는 없다.

공부해야 개미지옥을 벗어난다

마침내 가장 서열이 낮은 까불이에게 꼼꼼한 차 샘의 마수가 뻗기 시작한다.

사실 까불이는 생각이 없다. 생각이 없어서 없는 것이 아니라 생존을 위해 복잡한 사고 구조를 깨우칠 기회를 스스로 버렸다. 이것이 무슨 말인가?

키도 작고 덩치도 작은 까불이가 서열을 올릴 수 있는 가장 쉬운 방법은 공부다. 여기서 공부는 단순히 시험 점수를 잘 받는 것만을 의미하지 않는다. 공부하는 과정은 호기심과 집중력이 필요하고, 말하고 읽고 듣고 쓰는 행위 자체가 타인과의 관계 형성에 꼭 필요한 기술이다. 거기다 어휘가 뒷받침되면 덩치가 작아도 무시당하지 않는다. 교실 바닥의 생리나 어른들의 세계나 별반 다르지 않다.

특히 힘의 논리가 작용하는 교실에서 까불이가 살아남는 능력을 키우지 않으면 어른이 되어서도 무시당하며 살아야 한다. 그러나 까불이는 공부가 아닌 다른 방법으로 생존해 왔다. 그것이 무엇인가?

개들의 서열 관계와 비슷하다. 서열 낮은 개는 꼬리를 말아 대장에게 복종의 표시를 한다. 까불이라고 해서 다르지 않다. 다만 개처럼 꼬리를 마는 대신 웬만한 건 참는다. 그냥 참는 것이 아니라 웃으면서 참는다.

차 샘은 서열 높은 욱둥이가 스트레스를 받으면 까불이를 위협하는 액션을 하는 것을 몇 번 본 적이 있다. 그럼 까불이는 별 것 아니라는 듯 받아들인다. 고통의 내면화다. 진짜 때리는 것이 아니라 장난으로 한다는 것을 알기 때문이다.

"장난이에요."

욱둥이는 늘 이런 식으로 말하고 까불이도 인정한다. 차 샘은 그렇게 생각하지 않는다. 싸우는 듯한 시늉을 하며 목을 조르고 올라타고 뒹구는 행위 자체를 뭐라고 하지 않는다. 대신 조건이 있다.

1. 서열 낮은 아이는 언제든 그만두라고 할 권리가 있어야 하고,

2. 보통은 서열 낮은 아이가 높은 아이에게 장난을 많이 걸며,

3. 서열 높은 아이가 관용(?)의 자세로 받아 줘야 한다.

욱둥이와 까불이의 관계는 위 원칙들에 맞지 않고, 욱둥이는 까불이를 대놓고 무시한다. 그러니 이 관계는 언제 터질지 모르는 시한폭탄과 같다. 다행인지 안타까운 건지 모르겠지만 까불이는 이런 상황 자체를 잘 인식하지 못한다.

오늘 상위 서열자들이 차 샘에게 깨지는 것을 보고 까불이는 만감이 교차하나 일단 자기도 살아야 하기에 방어할 준비를 한다.

"넌 친구들이 차 샘과 이야기하는 걸 보면서 뭘 느꼈니? 그리고 넌 왜 여기에 남아서 차 샘과 이야기를 하는 것 같니?"

차 샘이 묻는다. 하지만 까불이는 대답을 못 한다. 이런 상황까지 와 본 적이 없기 때문이다. 무슨 말인가? 까불이가 선생님에게 혼난 적이 없다는 뜻인가? 그건 아니다. 까불이는 이전 학년에도 많은 지적을 받았다. 그러나 그 지적은 단순히 행동에 관한 지적이었다. 이를테면 다음과 같은 것들이다. 수업 준비를 안 한다. 필기구나 준비물을 늦게 꺼내거나 안 가져왔다. 종이 울리고 늦게 자리에 앉거나 수업 중에도 칼로 종이나 지우개를 자르는 등

대마왕 차 샘과 못 말리는 귀염둥이들

딴짓을 한다. 수업에 참여하지 않으나 주도적으로 망치지도 않는다. 발표는 하는 둥 마는 둥 하고 수업을 견딘다.

까불이의 생존 전략은 간단하지만 강력하다. 피할 수 있으면 피하고, 견딜 수 있으면 견디며, 비빌 수 있으면 비비면서 시간을 보낸다. 하고 싶은 것은 낮은 수준의 욕망이고, 해야 하는 것은 높은 수준의 기준이니 일찌감치 포기하고 경쟁의 대열에 나서지 않으면 주목받지 않고 시비에 휘말리지도 않는다.

약자이면서 피에로 역할을 하면 놀림도 덜 받는다. 문제는 까불이가 자신이 최고 약자란 사실을 잊어버리고 있다는 점이다. 언제든 상위 서열에 있는 아이가 자신의 분풀이를 위해 위협을 가하거나, 전체의 잘못을 뒤집어씌우거나 동조자로 묶어 버리는 상황이 와도 뭐라 말을 못 한다. 살아남기 위해 잘못된 행동도 함께 해야 한다는 것을 받아들인다. 더 슬픈 건 너무 익숙해서 지금의 상황이 자신에게 뭘 의미하는지 알지 못한다. 알려고 하면 할수록 괴로워지니 알려는 시도조차 하지 않는다.

차 샘의 머릿속도 복잡하다. 진실을 알려 주면 이해를 못 하고, 돌려서 말하면 자기 이야기가 아니라고 생각하고, 시간을 보내며 견디기 신공을 하는 까불이. 그런 아이에게 제시할 수 있는 카드는 단 한 가지뿐이다.

"공부해라."

까불이 스스로 이 관계를 뚫고 나오기란 쉽지 않을 것이다. 만약 욱둥이, 깐죽이가 사라지면 어떻게 될까? 허우대와 남캔디가 그 역할을 대신할 것이다. 그리고 그들마저 다 사라지면 까불이는 스스로 다른 모둠에 들어가 가장 낮은 서열을 자처할 것이다.

이것으로 상황극으로 시작해 욱둥이의 고자질로 연결된 귀염둥이들과 대마왕 차 샘의 살벌한 대화는 끝났다. 귀염둥이들은 먼지 나도록 탈탈 털렸다. 그러나 차 샘은 알고 있다. 오늘 하루로 끝나지 않을 것이라는 사실을.

아이의 자존감을 높여 주는 마법의 말

자존감은 '자신을 얼마나 괜찮은 사람으로 생각하는가?'에 대한 스스로의 느낌이다. 자존감은 아이의 성장과 관계 맺음에 큰 영향을 주지만 자존감 자체가 고정되어 있지 않고, 상황에 따라 변하기 때문에 교사나 부모가 아이를 어떻게 대하느냐에 따라 큰 영향을 준다.

아이의 자존감을 긍정적으로 높여 주는 말을 자주 해 주면 바람직한 자아상 수립에 큰 도움이 된다. 아이에게 도움이 되는 말을 해 주기 위해서는 평소에도 아이를 잘 관찰해서 긍정적인 모습을 찾아야 한다. 그렇다면 어떤 말들이 아이의 자존감을 높여 줄까? 공감과 믿음, 그리고 실패에 대한 유연한 대처가 핵심이다.

- 선생님은 ○○을(를) 믿어.
- 천천히 해도 괜찮아.
- 실수는 당연한 거란다. 다음에 성공하지 못해도 도전하는 그 자체가 의미 있어.
- 힘들고 어려운 건 당연한 거야. 네 잘못이 아니니까 걱정하지 마.
- 슬플 땐 슬퍼해도 괜찮아.
- 무엇을 도와주면 좋겠니?

- 선생님을 도와줄 수 있겠니?

- 무엇을 선택하든 선생님은 널 응원할 거야.

- 잘하는 ○○[이]도 좋지만 잘하려고 노력하는 ○○[이]가 더 좋아.

- 멋지게 잘했구나. 다른 친구들도 도와줄 수 있겠니?

좋은 친구를 사귀려면

새 학년이 된 아이들이 가장 바라는 것은 무엇일까? 바로 좋은 친구를 사귀는 것이다. 대부분의 아이들은 좋은 친구가 어느 날 갑자기 자기 앞에 짠! 하고 나타나길 원한다. 하지만 이런 일은 거의 일어나지 않는다. 그렇다면 아이들은 어떻게 하면 좋은 친구를 사귈 수 있을까? 그리고 교사들은 그런 아이들을 어떻게 도울 수 있을까?

좋은 친구를 사귀는 가장 좋은 방법은 내 자신이 먼저 좋은 친구의 자질을 갖추는 것이다. 그렇다면 좋은 친구의 자질은 무엇일까?

먼저 다른 아이들을 배려하고 존중하는 마음을 갖는 것이다. 이런 아이는 자기 스스로를 좋은 사람이라고 생각하며, 다른 아이들과도 스스럼없이 어울린다.

아이들이 좋은 친구를 사귀기 위해 돕는 방법 역시 분명하다. 교사가 먼저 아이에게 배려와 존중의 마음을 표현하는 것이다. 교사에게 배운 배려와 존중의 표현을 친구들에게 써 본다면 그 아이는 좋은 친구를 사귀는 큰 자질을 갖춘 것이다.

배려와 존중의 가장 큰 표현은 무엇일까? 아침에 만나고, 오후에 헤어질 때 밝은 얼굴로 인사하는 것이다.

"○○야, 안녕! 좋은 하루 보내."

"잘 가. 내일 또 보자."

고마운 일, 미안한 일이 있으면 꼭 표현을 한다.

"○○을(를) 도와줘서 고마워."

"함께 해 줘서 고마워."

"깜빡 잊고 있었어. 알려 줘서 고마워."

"내 실수야. 미안해."

고마움과 미안함을 잘 표현해도 좋은 친구를 사귀는 데 큰 도움이 된다.

교사의 지도를 받아 배려와 존중을 잘 실천하는 아이를 칭찬해 주어야 한다. 그럼 다른 아이들도 그 아이를 따라 해서 교사에게 칭찬을 받고 싶어 할 것이다.

좀 더 구체적으로 살펴보면 다음과 같다.

친구가 말할 때 눈을 바라보며 듣는다. 이건 친구를 존중하는 마음을 행동으로 나타내는 방법이다. 친구의 말을 끊지 않고 너의 말이 궁금하고 듣고 싶다는 것을 다정한 표정으로 바라보는 모습을 연습하면 좋은 친구를 사귀는 데 도움이 된다.

친구의 비밀을 다른 아이들에게 알리지 않는다.

친구가 자신에게 말한 비밀은 지켜 줘야 한다. 친구에게 들은 비밀 이야기를 다른 아이들에게 전하면 오해가 생기고 믿음이 사라진다.

교과서 진도를 놓친 친구가 있다면 살며시 알려 주자.

엉뚱한 곳을 펴 놓고 있는 친구가 있다면 넌지시 공부하고 있는 곳을 알려 주면 마음속으로 고마운 마음이 생기며 좋은 친구의 자질도 높아진다. 자기 공부가 잘되는 건 덤이다.

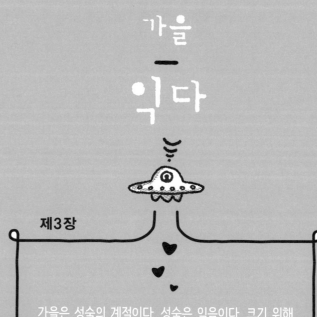

가을
익다

제3장

가을은 성숙의 계절이다. 성숙은 익음이다. 크기 위해
온 에너지를 쏟는 자람과 달리, 성숙은 눈에 띄는 외형
의 변화보다는 내실을 다지는 과정이다. 아이의 성향과
그릇이 다르듯 성숙의 정도도 다르다. 그리고 다른 것은
또 다른 조화의 시작이다. 들판의 풍성함이 아름다운 것
은 각기 다른 성숙이 오묘한 조화를 이루기 때문이다.
아이들은 이렇게 어울리며 익어 간다.

대마왕과 맺은 악마의 계약

"준성이 경고!"

"왜 저만 경고예요?"

10월의 운동장은 6학년 반별 축구 리그로 시끌벅적하다. 공부는 하기 싫어 해도 축구에 살고 죽는 귀염둥이들은 매일 모여서 나름대로 전략과 전술을 짜며 옆 반과 축구 시합을 대비한다. 아침 시간이나 방과 후가 아닌 체육 시간에 운동장에서 정식으로 축구를 할 수 있다는 기쁨에 리그가 시작되기도 전에 후끈 달아오른 열기는 1라운드가 진행되자마자 흥분의 도가니가 되었다.

준성이는 공을 잘 찬다. 큰 체격은 아니지만 몸놀림이 빠르고 발재간이 좋다. 주말마다 아빠를 따라 조기 축구회를 다닐 정도로 준수한 실력을 갖추고 있다. 다만 패스하는 것보다 드리블로 돌파하길 좋아해서 결정적인 순간에 공을 빼앗긴다.

　오늘도 초반에는 준성이의 현란한 드리블에 속은 다른 반 아이들이 두세 명씩 준성이를 에워싸며 수비를 했고, 그러다 보니 좁은 틈에서 아무리 발재간을 부려도 결국 공을 빼앗기게 되었다. 이에 화가 난 준성이가 흙을 집어 던지며 소리를 질렀다. 그러자 심판을 보던 차 샘이 옐로카드를 빼 든 것이다.

　"저 애가 제 발을 걸었단 말이에요."

　준성이는 옐로카드를 받은 것이 믿어지지 않는 듯했다.

　"한 번만 더 심판에게 말대꾸하면 퇴장이야."

　차 샘의 말에 준성이는 분을 억누르며 뒤돌아 자기편으로 갔다.

　"야, 이쪽으로 차!"

　"패스, 패스!"

　"아이, 어디에 차는 거야! 그것도 못해!"

　준성이는 파이팅 넘치게 공을 찬다. 그러나 준성이가 파이팅이 넘칠수록 같은 편 아이들은 주눅이 든다.

　"야, 너나 잘해. 혼자 치고 나가지 말고 빈 공간에 패스를 해."

　계수는 준성이에게 핀잔을 준다. 몸놀림이 빠른 준성이와 달리 계수는 덩치가 크고 공을 멀리 차는 힘을 가지고 있다. 대신 드리블과 돌파력이 부족해서 축구를 할 때만큼은 준성이에게 한 수 접고 들어간다.

경기를 거듭할수록 비등비등하던 각 반의 실력이 차이가 나기 시작한다. 각 반에는 축구에 죽고 사는 에이스들이 있다. 그러나 그들이 아무리 잘한다고 해도 반 전체가 경기에 이기는 법은 없다. 축구를 잘하든 못하든 자기편에 속한 다른 아이들에게 격려와 칭찬, 그리고 전술에 대해 이해를 시켜 주고 제 역할을 해 주는 에이스가 있는 반의 성적이 좋다.

준성이는 대마왕 반 에이스이지만 이 역할을 제대로 하지 못한다.

준성이가 심판인 차 샘으로부터 경고를 받은 날은 6학년 중 최약체로 지목된 반과 경기가 있던 날이다. 공격을 주도하던 준성이가 공을 빼앗기고, 그 한 번의 기회를 살린 상대편은 준성이네 반 골대 앞에서 몇 번 좌충우돌하더니 급기야 한 골을 넣고 말았다.

1대 0.

전후반 통틀어 난 그 1점이 그날의 승패를 가름했다.

다음 수업이 시작되었지만 아이들은 운동장에서 늦게 들어왔다. 얼굴이 벌겋게 변한 준성이와 달리 계수를 비롯한 다른 아이들은 차분했다. 준성이는 자리에 앉자마자 엎드려서 펑펑 운다. 계수는 걱정스러운 표정으로 차 샘의 얼굴을 힐끗 본다.

그때 누군가가 말한다.

"경기 끝나자마자 준성이가 막 화를 내는 거예요. 패스를 왜 안 하냐, 공을 그것밖에 못 차냐 이러면서……."

차 샘은 무슨 일이 벌어졌는지 대충 그림이 그려진다. 준성이가 화를 내자 그동안 꾹 참았던 아이들이 반기를 든 것이다. 평소에 욱하는 성격인 계수는 오늘따라 참는 모습이 역력하다. 참는다기보다는 어딘지 모르게 차분하게 대응한다는 느낌이 든다.

차 샘이 살펴보니 준성이에게 불만을 가진 것은 계수뿐만이 아니었다. 그도 그럴 것이 평소에도 장난치고 깐죽거리기를 좋아하는 준성이는 장난과 괴롭힘의 경계에서 요리조리 치고 빠지기를 잘 했는데 축구 경기에서 보인 준성이의 행동은 도를 넘어 같은 편 동료들에게도 미움을 산 것이다. 준성이와 친하게 지내던 계수가 등을 돌리자 아이들은 참았던 비난을 쏟아 냈다.

"애들이 절 무시하고 째려보고 뭐라고 했어요."

준성이가 눈물을 닦고는 말한다.

"욕을 하거나 때렸니?"

"아니요. 그런 건 아닌데 절 따돌리는 것 같았어요."

대마왕 차 샘과 못 말리는 귀염둥이들

"증거는?"

"패스를 안 해 줘요."

"패스는 평소에 너도 안 하잖아. 그리고 게임 중에 심판한테 성질낸 건 누구야?"

"아이참, 아깐 샘한테 한 게 아니고 제가 잘하려고 하는데 마음대로 안 되니까⋯⋯."

"판정 후에 성질내면 그건 심판에게 한 거와 어떻게 구분하지? 좀 더 성질냈으면 바로 퇴장시켰을 거야."

"퇴장하면 어떻게 되는데요?"

"이번 경기에 빠지는 것은 물론이고 다음 경기에도 참가할 수 없지."

이제는 축구 경기를 못 한다는 차 샘의 경고에 준성이는 하늘이 무너지는 듯한 느낌을 받는다.

준성이와 차 샘의 모습을 지켜보던 아이들이 이죽거리기 시작한다. 차 샘은 느닷없이 계수에게 펀치를 날린다.

"계수야, 우리 반은 앞으로 축구 리그 포기할까?"

"준성이가 잘못한 거잖아요. 왜 우리 반이 포기해야 하나요?"

"그럼 준성이 없이도 다른 반하고 해서 이길 수 있을 거라 생각해?"

하는 짓은 미워도 준성이 없이는 이길 수 없다는 걸 누구보다 잘 아는 계수는 고개를 숙인다.

"차 샘도 이기고 싶다. 하지만 이 상태로는 아무것도 할 수 없어. 잘하는 반은 한두 명이 잘해서 이기는 것이 아니라 뭔가 달라. 그 다른 것이 무엇인지, 너희들은 무엇이 부족한지 찾지 않으면 우리 반은 축구 리그에 참가할 이유가 없다. 기권해야지."

청천벽력 같은 차 샘의 선언을 듣고서야 아이들은 지금 무슨 일이 벌어졌는지 받아들인다.

"오늘까지 시간을 주겠다. 집에 가기 전까지 어떻게 할 건지 결정해서 알려 줘."

아이들은 머리를 싸매고 고민을 한다. 그리고 무엇이 문제인지, 어떻게 해결해야 하는지 나름의 결론을 내린다. 사건의 시발점이었던 준성이와 아이들의 갈등이 해소되고, 준성이와 계수는 다시 절친이 되었다.

차 샘은 아무 일 없었다는 듯 방과 후 집으로 돌아가는 준성이를 불러 세운다.

"준성이는 이제 차 샘에게 뭘 더 해 줄 거니?"

"네? 제가 뭘요?"

"난 준성이에게 도움을 줬는데 준성이는 뭘 해 줄 거냐고 묻는 거다."

느닷없는 차 샘의 요구에 준성이는 어안이 벙벙하다.

'잔소리 들어주었으면 되었지 뭘 해 달라는 거야?'

목구멍까지 찰랑거리는 이 말을 내뱉었다간 순식간에 대마왕 차 샘을 보게 될 것이다. 준성이는 표정 관리를 한다.

"네 태도를 바꾸는 데 집중해라."

"네."

준성이는 걱정했던 것과 달리 잘하라는 소리로 듣고 문제없다는 듯 단호하게 대답하고는 교실 문을 나가려 한다. 그때 차 샘이 준성이를 잡고 말을 잇는다.

"대신…… 태도가 변하지 않으면 그땐 대마왕으로 변신해서 널 괴롭힐 거야."

"엥?"

"억울하냐?"

"아니요."

알 듯 모를 듯 빙그레 웃음 짓는 차 샘을 뒤로하고 십년감수 한 얼굴로 준성이는 교실 문을 나간다.

"샘, 이제 준성이가 달라질까요?"

그 모습을 지켜보던 계수가 궁금증을 참지 못하고 묻는다.

"아니, 별로 바뀌지 않을걸."

"그럼 반성문이라도 받아야 하는 거 아니에요. 적어도 약속했으면 지킬 증거를 받아야죠."

"그거 받는다고 준성이가 잘 할까?"

계수는 더 이상 말을 잇지 못한다. 그 질문을 자기에게 해 봐도 자신이 없다.

"걱정하지 마라. 준성이는 대마왕과 악마의 계약을 한 거야. 언제 어디서든 준성이를 갈굴 수 있는 만능 치트키를 받은 거니 따로 계약서를 쓸 필요는 없지. 반성문 따위를 쓰고 넘기기엔 너무 쉽잖아."

책상 정리를 하며 아무렇지도 않은 듯 말하는 차 샘의 모습을 보고 계수는 솜털이 불쑥 솟아나는 것 같다.

'휴, 내가 안 걸리길 천만다행이다.'

말보다 행동이 빠른
용만이

"차 샘, 큰일 났어요! 용만이가 대빵 큰 사고를 쳤어요!"

점심시간이 끝나고 교실에 들어간 차 샘에게 아이들이 우르르 모여들더니 지구 멸망에 버금가는 중요 뉴스를 알려 준다.

"무슨 일인지 차근차근 말해 봐."

차 샘은 아이들을 진정시키며 말한다.

중구난방 떠들어 대는 아이들의 말을 정리해 보면, 용만이가 돌을 던져서 길에 주차되어 있던 자동차 유리를 박살 냈다는 것이다. 용만이가 평소 쉴 새 없이 꼼지락거리긴 해도 체구가 작고 나이에 비해 노는 것이 유치해서 자잘한 문제는 일으켜도 이런 대형 사고를 저지를 만한 아이는 아니었다.

"용만이는 어디 있냐?"

차 샘의 질문에 계수가 대답한다.

"아직 운동장에 있나 봐요."

"뭐야? 왜 용만이를 혼자 두고 와?"

"아무리 가자고 해도 운동장 구석에서 울면서 안 오기에……."

준성이가 변명 아닌 변명을 한다.

"내가 내려가 볼 테니까 너희들은 조용히 자습하고 있어."

차 샘은 이렇게 말하고 밖으로 나간다. 분위기가 심상치 않음을 눈치챈 귀염둥이들은 모범생으로 빙의해서 교실을 조용한 독서실로 만들고 있다.

용만이는 운동장 구석의 벤치에 넋 나간 표정으로 앉아 있다. 얼마나 울었는지 얼굴엔 눈물이 흘러 마른 자국이 땟물처럼 남아 있다.

"무슨 일이냐? 어디 다친 데는 없니?"

"전 괜찮아요. 차 샘…… 사실은……."

차 샘은 자초지종을 듣고 나니 헛웃음이 나온다. 축구를 하는 아이들 무리에 끼지 못한 용만이는 운동장 구석에 있다가 2학년 동생들과 시비가 붙었다고 한다. 6학년과 2학년이 시비가 붙다니.

2학년 동생이 먼저 도발을 했다.

"형, 나보다 돌멩이 잘 던져? 돌멩이 저기까지 던질 수 있어?"

"야~, 날 뭐로 보고. 형은 6학년이야. 당연히 너보다 잘 던지지."

"그럼 우리 내기할래? 나부터 던진다."

운동장 가운데에는 사람이 많으니 담장 밖으로 돌멩이를 던지기로 했다. 돌멩이 던지기는 차츰 경쟁이 붙어서 열기를 더해 갔다. 지켜보는 눈이 많아지자 용만이는 있는 힘껏 돌멩이를 던졌다. 그때였다.

'퍽-!'

포물선을 그리며 멋지게 날아간 돌멩이가 담장 너머 길가에 주차된 자동차 유리창을 깨뜨리고 만 것이다.

"우아~!"

아이들은 담장에 몰려가 소리를 질렀다. 그 소리에 6학년 아이들도 공차기를 멈추고 달려와 구경을 했다. 용만이는 울상이 되었다.

"아이고 이 녀석아, 이제 어떻게 할래?"

"샘, 저 감옥에 가요?"

"뭐? 감옥엔 왜 가?"

"준성이하고 계수가 저보고 감옥에 가야 한다고 하던데요."

용만이가 왜 울었는지 견적이 나왔다.

173

"잘못한 것 사과하고 깨진 유리창 값 물어 주면 되지."

그제야 용만이는 볼에 흐르던 마지막 눈물을 혀로 감추며 배시시 미소를 짓는다.

차 샘은 용만이를 앞세우고 교문 밖으로 나가 주차된 차 유리창을 살핀다. 유리창은 와장창 박살 난 것은 아니고 금이 간 상태다.

"용만이 어머니시죠? 담임입니다. 용만이가 장난치다가 차 유리를 깼습니다. 지금 학교로 오셔야겠어요."

"차주 되시죠? ○○학교 6학년 담임 교사인데 저희 반 친구가 장난치다가 차 유리를 깼습니다. 좀 나와 보셔야겠어요."

차 상태를 확인한 차 샘은 용만이 엄마와 차 주인에게 전화를 한다. 그러고는 한달음에 달려온 그들에게 용만이를 대신해서 자초지종을 설명한다. 마침 인근 학원 차여서 차 주인은 이런 황당한 사건에도 크게 놀라지 않는다. 오히려 이렇게 말해 준다.

"아이가 다치지 않아서 다행입니다. 이렇게 연락해 주셔서 고맙습니다."

"그럼 두 분이 잘 해결하시고, 전 수업이 있어 들어가 보겠습니다."

차 샘은 이렇게 말하고는 손톱을 뜯으며 안절부절못하는 용만이를 차 주인에게 인사하게 한 다음 데리고 교실로 향한다.

"샘, 저 교실에 가면 무슨 벌을 받아요? 반성문 써야 해요?"

"무슨 벌을 받아?"

"잘못을 했으니까 벌을 받아야죠."

용만이는 시무룩하게 대답하더니 금세 다시 울상이 된다.

"야~, 이 녀석아! 너희 어머니가 와서 유리창 값 물어 주는데 무슨 벌을 따로 받아?"

"그럼 전 괜찮은 거죠?"

차 샘은 용만이에게 빈 꿀밤을 한 대 먹인다.

"오늘 집에 가면 엄마한테 혼날 텐데 차 샘이 왜 널 다시 혼내냐?"

"그건 걱정 마세요. 엄마한텐 꼭 안아 주고 사랑한다고 말하면 괜찮아요."

"뭐시라?"

해맑은 표정으로 천연덕스럽게 말하는 용만이를 보며 차 샘은 할 말을 잃었다.

다음 날 용만이는 언제 그랬냐는 듯 제 모습을 되찾았다. 쉴 새 없이 말하고, 질문을 해 놓고는 자기가 한 질문도 잊어버리고, 친구들과 놀다가 또 눈물을 흘리지만, 아침에 만났을 땐 누구보다 큰 소리로 인사한다. 보다 못해 말 좀 줄이고 차 샘 목소리를

175

제3장 가을 _ 익다

귀 기울여 들으라고 하면 용만이는 두 손을 모아 귀에 대는 퍼포먼스를 한다. 그러더니 차 샘에게 다가와 말한다.

"샘, 계수랑 준성이가 저 놀렸어요."

"뭐라고 놀렸는데?"

"용용 죽겠지~ 막 이래요."

"요놈들을 잡아서 혼내 줄까?"

차 샘이 이렇게 물으면 용만이는 몸을 꽈배기처럼 꼬면서 배시시 웃으며 괜찮다고 말하고는 다시 자기 자리로 뛰어간다.

그런데 1교시에 그렇게 즐거워했던 용만이가 2교시에 보니 시무룩하다. 차 샘이 자세히 보니 울음을 참으려고 눈에 힘을 준다.

"용만이 나와 봐."

차 샘의 말에 용만이는 터벅터벅 교탁 앞으로 걸어 나온다.

"용만이가 우는 이유를 차 샘이 알아야 하니?"

차 샘은 용만이의 어깨에 손을 얹으며 묻는다.

"모르셔도 됩니다."

용만이는 눈물이 나오는 걸 꾹 참으며 말한다.

차 샘은 그 모습을 지켜보고 있는 다른 아이들이 듣지 못하게 몸을 숙여 조용히 말한다.

"살다 보면 슬플 때가 있어. 눈물이 날 때도 있고. 우는 건 나쁜 게 아니야. 하지만 용만이가 우는 걸 아이들이 보면 숙덕숙덕

할지도 몰라. 그러니 화장실 가서 세수하고 울음이 좀 진정되면 교실로 오도록 해."

그렇게 교실을 나간 용만이는 한참 있다가 돌아왔다.

다음 쉬는 시간, 용만이는 다시 교탁으로 어슬렁거리며 온다. 몸을 비비 꼬는 것을 보니 할 말이 있나 보다.

"샘, 엄마한테 양말 꿰매 달라고 할 거예요."

용만이가 천연덕스럽게 말한다.

"꿰매긴 뭘 꿰매. 그냥 버려."

"버려도 돼요?"

"집에 양말이 없니?"

"엄청 많아요. 제 양말은 어쩌고저쩌고~."

"버려도 된다. 그리고 친구들과 놀아. 샘도 쉬는 시간엔 쉬어야 하니까 건들지 말고."

용만이는 구멍 난 양말을 벗어 의기양양하게 휴지통에 버리고 친구들 곁으로 간다.

'용만이는 아까 왜 울었을까?'

천하의 대마왕 차 샘도 용만이가 왜 울었는지 생각해 보지만 그 이유를 알 수가 없다. 용만이가 별 생각이 없듯, 대마왕도 깊이 생각하지 않는다.

"오늘은 코다리 튀김이 나온단 말이지?"

어느새 급식 표를 살피고 있는 대마왕. 생선을 싫어하는 아이들이 누군지 꼽아 본다. 절대 뺏어 먹으려는 게 아니다. 그저 자신에게 생선을 넘기라고 정중히 제안하려는 것뿐이다.

대마왕 차 샘과 못 말리는 귀염둥이들

지금은
화를 낼 때가 아니야

"계수야, 지금 차 샘에게 인상 쓴 거니? 수업을 방해해서 지적한 건데 뭐가 잘못되었어? 내가 잘못 본 거야? 아니면 다른 이유가 있는 거야?"

아침부터 계수는 저기압이다. 수업 시간이 되어도 책을 펴지도, 공부할 준비도 되어 있지 않아 몇 번 눈짓을 보냈지만 여전히 꿈쩍하지 않는 계수를 향해 차 샘은 돌직구를 날린다.

'아이, 오늘은 좀 그냥 놔두라고요!'

계수는 짜증 가득한 얼굴로 신경질을 내다가 급기야 책을 탕하고 소리가 나게 폈다.

"지금 그 행동은 차 샘에게 불만이 있다는 뜻인데⋯⋯. 내 수

179

업을 방해하겠다는 거냐?"

아무리 돌직구를 날려도 사악한 미소는 잃지 않는 차 샘인데 어느 순간 목소리가 낮게 깔리며 힘이 들어간다.

순식간에 교실은 얼음장처럼 차가운 공기가 가득하다. 아이들은 숨죽인 채 차 샘과 계수를 번갈아 살핀다.

'뭐야? 이거 큰일 났네. 몰라. 오늘따라 왜 나한테만 시비야.'

계수는 뭐가 잘못되었다는 것을 알았지만 고개를 숙이기보다는 일단 견뎌 보기로 마음먹는다. 하지만 마음과 행동이 따로 놀듯, 그 방법이 문제다.

"샘, 우리 반 진도도 느린데 그냥 수업하시죠."

계수는 불쑥 이렇게 말했다. 차 샘에게 지지 않으려는 것인지, 약한 척하기 싫은 것인지, 그도 저도 아니면 짐짓 구렁이 담 넘어가듯 상황을 넘기려 하는 것인지 알 수 없지만 계수의 말은 날카로운 칼이 되어 차 샘에게 날아간다.

천하의 차 샘도 움찔한다. 딱 짜 맞춘 수업보다는 융통성 있게 진행하려 하지만 다른 반보다 느린 진도는 늘 마음 한구석에 부담으로 남아 있었다. 그런데 계수가 그 틈을 비집고 들어왔다.

'이것 봐라? 지금 갈 데까지 가자는 거냐?'

차 샘은 잠시 말을 잇지 못한다. 계수는 그런 차 샘을 보며 더는 잔소리 듣지 않고 이 상황은 끝난 것이라 여긴다. 그러나 차

대마왕 차 샘과 못 말리는 귀염둥이들

샘은 잠시 후 입을 연다.

"수업은 차 샘의 권한이다. 무슨 과목을 얼마나 어떻게 가르치고 배울지 정하는 건 선생님의 고유 권리야. 네가 이걸 건드렸으니 나는 해명할 의무가 있다. 만약 내게 잘못이 있다면 너뿐 아니라 다른 아이들에게도 사과해야 해. 하지만 지금 네 이 말과 행동이 잘못이라면 그에 대한 책임을 져야 한다. 진도를 왜 물어본 거야?"

계수는 머릿속이 복잡하다. 괜히 자존심이 상해서 한마디 툭 던졌을 뿐인데, 차 샘이 이렇게 세게 나올지 꿈에도 상상하지 못했다. 머릿속이 복잡하다 못해 멈춰 버렸다. 화가 나는데 화를 낼 수 없어 더 화가 난다.

"모두 책을 덮어라. 이게 진짜 수업이다. 계수가 왜 차 샘의 수업 진도에 대해 항의를 했는지 꼭 들어야겠다. 계수도 진지하게 대하기를 바란다."

차 샘이 말한다.

"항의한 것 아닌데요. 그냥 물어본 건데요."

계수는 진심을 담아 말한다.

"묻는 것은 너의 권리이지만 순서와 태도가 맞지 않은 것 같다."

"뭐가요?"

"난 너의 수업 태도에 대해 지적을 했고, 넌 그에 대한 대답이 아닌 진도를 물었다. 그것도 불손한 태도로 말이다."

"원래 제가 말을 좀 세게 하는 편인데요. 샘이 이해하세요."

"수업 태도에 대해 지적하는 것이 혼내는 것이냐?"

"혼냈잖아요."

"혼내는 것과 지적하는 것은 어떻게 구분하느냐?"

"……."

"수업뿐 아니라 바른 태도가 아닌 것에 대해 지적하는 것도 차 샘의 일이다. 그것을 지적이라 한다. 혼내는 것은 미워하는 감정을 담아 화를 전달하는 것이다. 다시 묻겠다. 좀 전에 차 샘은 계수에게 지적한 것이냐, 혼낸 것이냐?"

"지금도 혼내고 있잖아요."

계수와 차 샘은 만나지 않을 평행선을 달린다. 평소 말참견을 곧잘 하던 아이들도 숨소리조차 내지 않고 눈과 귀만 열고 있다.

"더는 안 되겠다. 계수야, 오늘 수업 마치고 남도록 해라."

"왜 남아야 해요? 남기 싫은데요."

"넌 지금 차 샘의 지적을 받아들이지도 않고 인정하지도 않아. 왜 그러는지 듣고 싶지만 말해 주지 않는다. 난 네 이야기를 듣고 싶어. 하지만 지금 이 상황을 계속 이어 간다면 다른 아이들이 피해를 보겠지. 네가 중요하게 생각하는 진도를 나가지 못한다는 거야. 그러니 일단 진도를 나가고 난 뒤 마저 이야기를 하자. 이제 받아들이겠니?"

머릿속이 복잡해진 계수는 대꾸할 말이 없다. 단지 화가 날 뿐이다.

'나한테 왜 이래? 왜 남으라는 거야? 왜 나만 미워해? 내가 뭘 잘못했다는 거야? 아이, 짜증 나!'

계수는 수업은 안중에도 없이 그저 시간이 가길 기다린다.

이윽고 수업이 끝나고 아이들은 집으로 돌아갈 준비를 한다. 분위기가 심상치 않음을 아는 아이들은 재잘거리지도 않고 재빨리 교실을 빠져나간다. 어느덧 교실 안은 적막이 감돈다. 계수와 차 샘만 남은 교실.

"계수야, 샘이랑 청소 같이 하자."

잔소리를 들을 각오를 하고 있던 계수는 차 샘의 첫마디에 의아해하면서도 어기적거리며 빗자루를 꺼낸다. 그러고는 교실 구석구석을 쓸고 쓰레기를 모아 버린다.

"하늘 참 푸르고 좋구나."

창틀을 닦던 차 샘의 말에 계수도 고개를 들어 눈이 시리도록 푸른 가을 하늘을 본다.

"계수야, 센 척하지 않아도 된다. 넌 충분히 강해."

느닷없는 차 샘의 말에 계수는 순간 멍해진다.

"아까 왜 그렇게 말했는지 묻고 싶지 않아. 모르긴 해도 계수는 화가 났을 거야."

계수는 묵묵히 듣고 있다. 납덩이처럼 굳어 버린 입에선 아무 말도 나오지 않는다. 잔소리하고 혼내면 대답하려고 준비해 둔 많은 말들은 눈 녹듯 사라져 버리고 머릿속은 하얗게 변한다. 하지만 흔들리지 말아야지 하면서 꾹 참는다. 시선은 다시 푸른 하늘에서 교실 바닥으로 향한다.

"계수는 차 샘이랑 남아서 이런 이야기 하는 것이 행복하니? 힘들지 않아?"

행복이라니? 힘들지 않냐니? 계수는 힘들어 죽을 것 같다. 이 순간을 벗어나고 싶지만, 그냥 저 문을 나가면 영영 차 샘과 멀어질 것 같은 두려움도 든다. 아까는 그토록 싫고 미웠는데 지금 드는 이 감정을 이해할 수 없다.

"차 샘에게 지지 않으려는 계수는 그리 행복할 것 같지 않구나. 계수가 차 샘을 밟고 지나가질 않기 바란다. 그건 너무 슬픈 일이야. 때가 되어 세상에 나갈 순간이 되면 차 샘은 계수에게 어깨를 빌려 줄 거야. 그때 밟고 올라가거라. 그리고 세상 높은 곳으로 가라. 그것이 진정한 용기다. 지금 차 샘에게 반항하고 대들 용기를 아꼈다가 정말 필요할 때 써야 한다."

계수는 가슴 한가운데부터 뭔가 흔들리는 것을 느낀다. 그러곤 어렵게 말을 꺼낸다.

"샘이 절 미워한다고 생각했어요. 그래서 화가 났어요. 욱하는 마음에 한마디 했는데, 샘이 정색해서 놀랐어요. 하지만 지면 안 될 것 같아서 계속 화를 냈어요."

계수가 울컥거리며 한마디 한마디를 하는 것을 듣고 있던 차 샘은 잠시 아무 말 없더니 옆으로 와서 계수의 등을 토닥인다.

"그런 사연이 있었구나. 계수가 날 미워하는 줄 알았지. 난 계수를 미워하지 않아."

굵은 눈물 한 방울이 계수의 볼을 타고 적신다. 눈물이 흐를수록 몸은 뜨거워진다. 차 샘은 그런 계수를 꼭 안아 준다. 마침내 그동안 참았던 울음이 터져 나온다.

"선생님 잘못했어요. 죄송해요. 어어엉 크흐……."

차 샘은 안은 팔에 힘을 더 준다. 이상하다. 눈물이 흐를수록 뜨거웠던 몸은 식어 가고 터질 듯이 부풀어 오르던 울음은 잦아든다.

얼마나 지났을까. 차 샘은 어느새 알 듯 모를 듯한 미소를 지으며 계수의 눈물을 닦아 준다.

"히유~."

계수는 긴 한숨과 함께 팔뚝으로 남아 있던 한 줄기 눈물 자국을 지우고 정신을 차리려는 듯 양 손가락으로 눈 주위를 비빈다.

"화내는 게 꼭 나쁜 건 아니야. 화를 낼 땐 내야 한다."

방금 울고 난 계수의 눈은 여느 때와 달리 유난히 빛이 난다.

"화를 내도 된다고요? 정말요?"

"세 가지를 명심해라. 강자가 약자를 괴롭히는 것을 보면 화를 내야 한다. 사랑하는 이를 지켜야 할 때도 마찬가지다. 그리고 무엇보다 너를 부당하게 괴롭히는 그 무언가에게 화를 내야 한다."

"부당한지 그렇지 않은지는 어떻게 구분해요?"

"그건 네 스스로가 결정하면 된다. 당당한 계수와 버릇없는 계수를 구분할 수 있다면……."

'잘 하겠습니다. 열심히 하겠습니다.' 계수는 이런 말은 하지 않는다. 차 샘도 굳이 이런 다짐을 받으려 하지 않는다. 대신 짧은 순간이지만 서로의 눈을 마주 봤을 뿐이다.

"이제 집에 가도록 해라."

차 샘이 말한다. 그러나 계수는 잠시 주저한다.

"차 샘, 저~."

"부모님께 이야기하지 않겠다. 물론 반 아이들한테도 계수와 무슨 말을 했는지 말하지 않을게."

계수는 마지막 걱정을 덜었다는 듯 고개를 꾸벅 숙여 인사를 한다.

계수가 가고 난 교실은 뭔지 모를 적막이 다시 감돈다. 싸늘한 느낌은 아니다. 그렇다고 포근하지도 않다. 말라비틀어진 무말랭이처럼 차 샘은 급격한 피로감을 느끼며 털썩 의자에 몸을 맡긴다.

'휴, 오늘 참 길구나.'

고개를 젖히고 하늘을 보니 아까보다 하늘은 더 높고 푸르게 세상을 덮고 있다.

친구들을 설득해 봐

"샘, 용근이가 저한테 계속 시비를 걸어요."

"무슨 소리 하는 거야? 계수가 절 계속 놀렸다고요."

하늘 아래 두 개의 태양은 있을 수 없는 법. 드디어 올 것이 왔다. 5학년 때까지 한주먹, 한 성깔 하던 용근이와 계수가 처음으로 같은 반이 되었다. 이 거물(?) 귀염둥이들은 피라미(?)들과는 차원이 다른 싸움 실력을 가지고 있다. 피라미들은 할 줄 아는 감정의 표현이 화내는 것이고, 화를 받아 주지 않으면 주먹이 앞서 싸움이 벌어진다. 하지만 거물 귀염둥이들은 서로가 서로의 주먹과 맷집을 아는지라 섣불리 싸우지 않는다. 오히려 친하게 지내는 것처럼 보이지만 늘 서로 탐색전을 벌인다. 언제 터져도 이상

대마왕 차 샘과 못 말리는 귀염둥이들

하지 않을 만큼 감정의 화약은 충분하다. 부딪치면 언제든 불꽃이 튈 감정의 심지도 사방에 솟아 있다.

2학기까지 큰 다툼 없이 지낸 것만으로도 기특하다. 그런데 이상한 점이 두 가지가 있다. 하나는 1학기 동안 다툼 한 번 없이 지나간 점이고, 다른 하나는 다툰다고 하는 것이 싸움이 아닌 고자질이기 때문이다.

그 중심에는 대마왕 차 샘이 있다. 1학기 때는 차 샘의 아우라를 모르는 피라미 귀염둥이들이 걸려들었고, 그 과정을 지켜보면서 대마왕의 파워를 간접적으로 경험한 거물들은 나름 조심을 했다.

그럼 왜 갈등의 해소 방법으로 고자질을 선택했을까? 이것 역시 나름 지극히 합리적인 문제 해결 사고의 결과다. 힘으로 문제를 해결하면 큰 맷값을 물어야 한다는 사실을 알기에, 교실에서 가장 힘센 포식자이자 권력자인 차 샘의 권위를 빌려 차도살인계를 펼칠 요량인 것이다. 물론 고자질이 나쁜 방법이란 걸 알지만 폭력보다는 나은 방법이라 생각하기에 부담 없이 상대의 약점을 일러바치기 바쁘다.

하지만 그들이 모르는 것이 하나 있다. 고차원적인 사고로 선택한 고자질 스킬을 대마왕에게 썼을 때 돌아오는 부메랑을 전혀 예상하지 못한 것이다.

"그래? 뭔가 문제가 있는 모양이구나. 그래도 주먹질하지 않고 나한테 이야기해 준 건 고마운 일이다."

용근이와 계수는 갑자기 멍해진다. 고자질이라 쓰고 피해 호소를 했으면 차 샘이 판정을 내리고 결판을 내 줘야 할 텐데 칭찬이라니.

"너희들이 무슨 일로 마음이 상하고 다투려 했는지 이유를 모르겠네. 중요한 건 너희들이 다툴 때 나 보지 못했단 말이지."

계수는 차 샘의 말이 끝나기가 무섭게 무엇 때문에 이런 상황이 왔는지 설명하려 하고, 이에 질세라 용근이도 목소리를 높인다.

"잠깐만! 각자 떠들어도 소용없다. 내게 좋은 방법이 있는데 한번 들어 볼래?"

"차 샘이 해결해 주시면 되잖아요."

차 샘의 말에 용근이가 답답하다는 듯이 되받아친다.

"억울한 일이 있을 땐 차 샘을 설득하는 것보다 친구들을 설득하는 것이 더 빨라. 한 가지만 물어볼게. 계수랑 용근이는 서로 잘못한 게 없지?"

말이 끝나자마자 또 자기 말만 쏟아 놓는 계수와 용근이를 뒤로하고 차 샘은 칠판에 큼지막하게 다음과 같이 쓴다.

예측 불허인 차 샘이 또 무슨 수작을 부리려는지 몰라 잠시 말을 멈춘 건 용근이와 계수뿐만이 아니다. 흥미진진하게 싸움 구경을 지켜보던 아이들도 차 샘의 입을 주목한다.

"지금부터 이걸로 수업을 할 거야. 과목은 도덕이다. 용근이와 계수가 싸웠고, 이유는 알 수 없지만 기분 나쁘다고 해. 난 아무리 들어도 둘이 무슨 말을 하는지 모르겠다. 지금부터 다른 친구들이 용근이와 계수의 말을 듣고 누가 잘못하고, 누가 피해를 본 건지 밝혀 봐라."

"차 샘은 뭘 하시나요?"

용만이가 궁금증을 참지 못하고 물어본다.

"좋은 질문이야. 난 사회를 맡아서 진행을 볼 거야."

심판이 아니라 진행이라니?

"그럼 심판은 누가 해요?"

"용근이와 계수를 제외한 나머지 친구들이 하는 거지."

그러더니 차 샘은 칠판에 몇 가지 적기 시작한다.

1. 무슨 일인지 각자 상황 말하기
2. 상대방에게 질문하기

3. 목격자가 있으면 보충하기

4. 배심원 평결(친구들의 선택은?)

5. 받아들일 것인가? 거부할 것인가?

"여기 보면 대충 뭘 어떻게 해야 하는지 알 수 있을 거야. 용근이와 계수의 말을 잘 들어 봐."

"우리가 안 봤는데 쟤들이 거짓말을 할 수도 있잖아요. 누가 정확하게 말하는지 알 수도 없고요."

아이들이 의문을 제기한다.

"좋은 지적이야. 적어도 용근이와 계수는 거짓말은 안 할 거야. 대신 유리한 건 자세하게 말할 것이고, 불리한 것은 흐릿하게 말하거나 기억하지 못한다고 할지도 몰라. 띄엄띄엄 말하기도 할 것이고. 간혹 얼버무릴지도 모르니 배심원들은 자세히 들어주기 바란다."

불구경 다음으로 재미있는 건 싸움 구경이고, 싸움 구경만큼 재미있는 싸우고 혼나는 아이들을 감상하는 재미를 만끽하려고 했던 아이들은 배심원이란 역할이 주어지자 자못 진지해진다. 사실 꿩 잡는 건 매라고 귀염둥이 짓을 잘 분석하는 것은 다른 귀염둥이들이다. 고수는 고수를 알아본다. 구경꾼에서 배심원으로 역할을 바꾼 귀염둥이들의 눈빛이 반짝인다.

"특히 소리를 지르거나 화를 내거나 욕설을 하는 경우는 불리하거나 억지를 쓸 때 하는 행동이기 때문에 더 유심히 봐야 한다."

차 샘은 아이들에게 이렇게 말하고 용근이와 계수에게도 따로 당부한다.

"자신이 직접 본 것과 들은 것, 겪은 것만 이야기해. 느낌적인 느낌을 말하면 배심원들이 받아주지 않을 거니까 주의하고. 그럼 각자 최선을 다해 자기의 입장을 이야기하도록 해. 파이팅!"

대마왕 차 샘은 살짝 빠져나가고, 용근이와 계수의 배틀이 시작되었다.

용근 : 아까 화장실에 가는데 계수가 갑자기 시비를 걸었어.

배심원 1 : 무슨 시비를 걸었는지 구체적으로 말해 봐.

용근 : 아무 짓도 하지 않았는데 발을 걸었다니까.

배심원 2 : 아무 짓도 안 하는 사람에게 시비를 걸지는 않지. 또 다른 건 없어? 숨기는 건 없는 거야?

용근 : ......

와, 평소에 남학생의 다툼에 관심이 없어 보이는 여학생들의 질문이 날카롭다. 같은 방식으로 계수에게 질문을 던진 배심원들은 짧게 자른 용근이의 머리를 보고 계수가 뭐라고 한 것이 발단이 되었다는 것을 밝혀냈다.

몇 차례 질문과 탐문, 목격자의 진술을 거치고 나니 그럴듯하게 사건이 파악되었다. 어제 이발을 한 용근이가 모자를 쓰고 왔다가 잠시 벗었는데 계수가 그 모습을 보고 놀렸다. 물론 계수는 놀린 것이 아니라 그저 '용근이 머리 잘랐네' 하면서 머리를 쓰다듬는다는 것이 힘 조절이 안 되었다. 이에 용근이가 발끈했고, 심사가 꼬인 계수가 복도에서 용근이의 다리를 걸며 째려보았던 것이다.

'자식들, 아직 힘겨루기를 하고 있었군.'

그렇다. 계수와 용근이는 누가 센지 겨루는 중이었다. 동네 뒷산에 모여 맞짱을 뜨는 시절이 아니니, 누가 놀림의 선도자가 되느냐가 이 다툼의 중요 관전 포인트였다. 센 아이가 놀림의 주도권을 가져야 한다. 아이들 말로는 주도권을 가진 아이는 '먹어 준다'라고 표현하고, 놀림을 받고 받아들이거나 반응하지 않으면 '발린다'라고 여긴다.

누가 '먹어 주고', 누가 '발릴' 건지 아등바등 겨루던 상황의 극한 스트레스를 견디지 못하고 차 샘에게 달려온 것이 이 사건의 전모였다.

"좋아. 용근이와 계수는 더 할 말이 있니?"

차 샘의 질문에 용근이와 계수는 고개를 저었다. 이제 마지막으로 판정을 내려야 하기에 둘을 복도로 잠시 내보내고 남은 아이들과 평결 내용을 정리한다.

"누가 잘못한 것 같니?"

교실 앞에 둥그렇게 앉아 평결을 준비하는 배심원 아이들의 표정은 자못 진지하다.

쌍방 과실. 계수가 먼저 놀렸으므로 과실 비율은 용근이와 계수 4대 6.

배심원들의 의견을 모아 평결하고 발표는 차 샘이 하기로 한다.

"용근이와 계수를 불러와라."

용근이와 계수는 마음이 복잡하다. 5학년 때까진 기분 나쁘면 욕도 하고 싸웠다. 올해는 그렇게 하면 안 될 것 같아 나름 잘 해 보려고 노력했는데 이상한 상황이 된 것이다. 잘못했다고 벌 받는 것도 아니고, 그렇다고 누구의 잘못인지 딱 드러나는 것도 아니다. 자기 잘못이 아니라고 발뺌할수록 잘못이 커지는 것 같다.

용근이와 계수는 이제나 저제나 평결이 나기를 기다린다. 그러나 둘은 한마디도 안 한다. 아니, 무슨 말을 해야 할지 잊어버린 듯하다.

'그냥 미안하다고 사과할까?'

별것도 아닌 것으로 기 싸움을 했다는 것을 용근이도, 계수도 알고 있다. 꿀리며 살아 본 적이 없으니 숙이는 법도 배운 적이 없다. 그래서 교실에서 자기들을 부르러 온 아이들이 반갑기까지 하다.

교실로 다시 들어온 용근이와 계수는 배심원의 평결 내용을 들었고, 차 샘은 선택의 기회를 준다.

"평결에 따르겠느냐? 아니면 불복하겠느냐?"

"불복하면 어떻게 되나요?"

계수가 묻는다.

"간단해. 남아서 차 샘과 오붓하게 사건을 재조사하면서 상담을 하는 거지. 물론 마치는 시간은 언제인지 모르고."

"따르겠습니다!"

두 아이는 입을 모아 합창을 하다시피 한다.

계수는 먼저 용근이에게 사과한다. 용근이는 사과를 받고 계수에게 사과한다. 귀염둥이들의 사과란 게 별거 없다. 마주 보고 서서 자기 잘못을 먼저 말하고 악수한다.

"흐잉, 흐잉……."

갑자가 계수가 울먹인다.

"계수야, 사과를 하라고 했지 울먹일 것까진 없는데."

계수의 울음에 잠시 당황한 차 샘은 얼른 용근이에게도 사과를 하게 한다.

"계수야, 흐어엉, 내가 더 미안해."

두 녀석의 등에 손을 대니 땀이 젖어 축축하다. 예상치 못한 상황이라 차 샘도 얼른 수습하고 마무리한다.

"샘, 저 계수하고 용근이 우는 거 처음 봤어요. 근데 왜 울었대요?"

준성이가 이렇게 한마디 하고는 쪼르르 교실 밖으로 사라진다.

잠시 멍한 차 샘.

'이 녀석아, 나도 이유를 모르겠다. 화해 공감 수업이 그렇게 무서웠나? 난 그냥 수업하기 싫어서 놀려고 했을 뿐인데.'

오늘도 알 수 없는 의문의 1패를 안고 차 샘은 주섬주섬 교탁을 정리한다.

무식하니까 욕을 하지

"아, 존× 힘들어!"

"씨ㅂ, 오늘 체육 시간 왜 이리 힘든 거야!"

"글쎄 말이야. 짱 나게 달리기만 조온나 했어."

체육 시간에 오래달리기를 한 아이들은 교실에 들어서자마자 물을 벌컥벌컥 마시며 힘들다고 투덜거린다.

책상에 앉아 있던 차 샘은 고개를 삐딱하게 젖히면서 아이들을 응시한다. 교실에 차 샘이 있다는 사실을 모르는 듯, 여기저기서 욕설 섞인 아름다운(?) 대화가 오간다.

"어이, 거기 아저씨들. 입에 걸레를 물었나? 말끝마다 욕이냐?"

대마왕 차 샘과 못 말리는 귀염둥이들

그제야 대마왕이 똬리를 틀고 있는 것을 발견한 아이들은 배시시 웃으며 겸연쩍어한다.

"근데 너희들, 욕의 의미를 알고 쓰는 거냐?"

아이들도 욕이 나쁘다는 걸 모르진 않는다. 하지만 욕을 하면 뭔가 있어 보이고 세 보여서 쓴다.

"오늘은 욕 특집 수업을 하겠다."

차 샘은 이렇게 선언한다. 자고로 특집 수업 중 똥, 오줌, 구역질과 함께 욕은 더럽고 부끄러우며 숨기고 싶으면서도 누구나 관심이 많다.

"너희들이 알고 있는 욕을 모두 말해 봐. 괜찮아. 이건 수업이니까 알고 있는 욕을 다 말해도 좋아."

아이들은 쭈뼛거리며 눈치를 보더니 하나가 말하자 너도나도 알고 있는 욕을 풀어 놓기 시작한다. 차 샘은 그 욕을 칠판에 적는다.

"욕을 쓰든 안 쓰든 그건 너희들의 자유야. 대신 제대로 알고 써야지. 그럼 욕에 담긴 의미를 하나씩 설명해 줄게. 물론 국어사전에 있는 의미대로 알아듣기 쉽게 설명해 줄 테니까 잘 들어."

차 샘은 칠판에 적힌 욕을 차례로 설명하기 시작한다. 아이들은 욕의 의미가 거의 남녀의 성기와 성교에 대한 표현임을 알고 화들짝 놀란다.

"뭐 이 정도로 놀라니? 아직 본게임은 시작도 하지 않았는데."

드디어 '니기미'로 시작하는 부모님을 욕하는 내용을 설명할 때 아이들 모두 멘붕에 빠진다.

"어때, 이걸 알고도 쓸래?"

여기저기서 작은 웅성거림과 얼굴이 벌게진 아이들의 모습이 교차한다.

"근데 차 샘은 어떻게 욕을 그렇게 많이 알아요?"

역시 호기심 많은 용만이가 궁금증을 참지 못하고 질문을 한다.

"무식해지지 않으려고."

욕을 쓰면 안 된다는 것쯤은 알고 있지만 무식해진다니 알다가도 모를 일이다.

"나도 욕 때문에 부끄러운 일이 있었거든."

차 샘은 특유의 대마왕 미소를 짓더니 어린 시절 자신의 비밀을 말해 준다.

승민이는 어린 시절 자주 이사를 했다. 지기 싫어하는 성격 탓에 이사하는 동네마다 시비가 붙었고 그때마다 싸움도 마다하지 않았다. 싸움을 하기 전에 세게 보여야 했다. 그래서 싸움 전 욕은 필수였다. 그러다가 6학년 때 전학 간 학교에서 처음으로 자신보다 더 센 진수를 만났다.

"전학 온 주제에 나대기는. 너 그러다 맞는다."

"뭐 이런 ○○ 새끼가 왜 시비야? 내가 그렇게 만만해 보여? 너 죽어 볼래?"

승민이는 센 척하려고 알고 있는 욕을 모두 쏟아 냈다. 하지만 진수의 상대가 되지 않았다. 알고 보니 진수는 중학생 형들하고 싸워도 이기는 동네 대장이었다.

그날 이후, 난생처음 다른 아이에게 두들겨 맞은 승민이는 뭘 어떻게 해야 할지 몰랐다. 이제는 괴롭히진 않았지만, 진수만 보면 주눅이 들었다.

이런 모습을 지켜보던 담임 선생님이 기지를 발휘해서 승민이와 진수가 함께 태권도를 할 수 있도록 해 주었다. 둘은 서로 체급이 달랐지만, 함께 태권도 연습을 하고 대회에도 출전하면서 엉킨 실타래를 풀 수 있었다.

주눅 들던 시간이 지나고 회복이 되자 승민이는 예전 버릇이 나오기 시작했다. 힘으로 싸우는 건 자제했지만 입에는 여전히 욕설을 달고 다녔다.

"푸하하, 병신아. 너 이것도 못 해? 완전 쪼다 새끼네."

자기보다 못하는 아이를 보면 꼭 이렇게 구박을 해야 직성이 풀리는 어린 승민이.

"승민아, 너 욕 좀 그만 했으면 좋겠어."

그날이 오고야 말았다. 상희는 당시 6학년 교실에서 남학생들이 가장 좋아하는 아이였다. 승민이도 속으로는 상희를 좋아했다. 상희가 주위에 있을 때면 잘 보이기 위해 도를 넘곤 했다. 물론 진수가 없을 때만 말이다.

그날도 상희에게 잘 보이기 위해 도를 넘어 연기하고 있는 승민이에게 일침을 놓은 건 다름 아닌 상희였다.

"어~ 뭐~ 내가 뭘 어쨌다고~!"

승민이는 당황했다.

그렇게 그 순간은 지났지만 큰 고비가 남았다.

'어쩌지? 내일은 상희랑 청소 당번인데.'

다음 날 수업을 마치고 둘은 남아서 교실 청소를 했다. 한동안 두 사람은 한마디도 하지 않았다. 마침내 청소를 마치고 청소 도구를 정리한 후 도망치듯 나가려는 승민이 뒤에서 상희가 말했다.

"승민아, 잠깐만 나랑 얘기 좀 해."

승민이는 가슴이 두근거리고 머릿속이 하얗게 변했다. 두 발은 돌처럼 굳어 그 자리에서 꼼짝도 하지 않았다. 승민이는 무엇에라도 홀린 듯 상희를 따라 자리에 앉았다.

"네가 날 좋아한다는 거 알아."

'상희가 알고 있었구나.'

승민이는 가슴이 터질 것 같았다.

"넌 괜찮은 아이야. 근데……."

'상희도 날 좋게 생각했구나. 이게 실화야?'

마음속으론 기뻐서 팔짝 뛸 노릇이었지만 차마 내색할 수가 없었다. 하지만 '근데'라니? 뒤끝이 영 찜찜했다.

"넌 욕을 너무 많이 해. 난 욕하는 아이가 무서워서 싫어. 승민이 넌 욕 안 했으면 좋겠어."

상희는 이 말을 남기고 가방을 챙겨 교실 문을 나섰다.

승민이는 망치로 머리를 맞은 듯 한참을 멍하니 서 있었다.

"샘, 그다음엔 어떻게 되었는데요? 샘이랑 상희랑 사귀었어요?"

귀를 쫑긋하며 듣던 아이들은 욕 특집 수업을 하다 말고 어릴 적 고백 이야기가 나오는 찰나에 멈춘 차 샘을 채근하기 시작한다.

"사귀긴 뭘 사귀어. 그냥 차이고 말았지."

"에이~."

"지금 생각해도 얼굴이 화끈거리네."

쑥스러워하는 차 샘은 적응이 안 된다. 별로 필요하지도 않으면서 분필을 바꾸고, 애꿎은 칠판만 쓱쓱 닦아 댄다.

"근데 욕을 하면 무식해진다는 것은 무슨 뜻이에요?"

용만이는 이럴 땐 참 요긴하다. 가끔은 차 샘이 하고 싶은 말을 할 수 있게 추임새를 잘 넣어 준다.

"한번 생각해 봐. 욕이 나쁘다는 건 다 알아. 그래서 욕을 바로 쓰지 않고 중간 단계를 거쳐. 욕은 아니지만 욕 같은 말이지. 그게 '존나'야. '존나' 하나로 모든 감정을 표현할 수 있어. 좋아도 '존나', 귀찮고 싫을 때두 '존나'. 더 좋거나 더 싫을 때 '조온나' 좋거나 '조온나' 싫다고 표현하면 되니 이 얼마나 편리하냐."

평소 '존나'를 많이 쓰는 귀염둥이들이 서로를 쳐다보며 키득거린다.

다시 차 샘은 상념에 잠긴다.

"그때 욕을 안 했으면 상희랑 잘 지낼 수 있었을 텐데. 근데 너희들한테 욕 특집 수업은 왜 하는 줄 아니?"

"욕을 하면 무식해지니까 쓰지 말라고 하시는 거잖아요. 그쯤은 우리도 알아요."

어깨를 으쓱거리는 귀염둥이들.

"맞아, 욕을 하면 무식해져. 그것보다 더 나쁜 건 여자 친구를 사귀기 어렵다는 거지. 이게 제일 커."

아이들은 욕 잘하는 동네 형에게 여자 친구가 있다는 것을 안다. 따라서 욕을 하면 여자 친구를 사귀기 어렵다는 차 샘의 말은 신빙성이 없다. 그럼에도 아이들은 이때만큼은 창밖 떨어지는 낙엽을 보며 말하는 차 샘의 뒷모습에 믿어 주고 싶다는 생각이 든다.

대마왕과 귀염둥이들의 잔혹 동화

| 여학생 편 |

아이들은 대마왕 차 샘과 문제가 있어도 죽기 살기로 감정적인 대거리를 하는 경우는 드물다. 사춘기에 들어선 아이들은 아무리 귀염둥이 짓을 해도 지켜야 할 선이 어디인지는 알고 있다. 밀고 당기는 실랑이는 한 편의 코미디 같은 상황극이 대부분이다. 하지만 코미디가 스릴러와 공포물로 변하는 순간이 있다. 바로 사춘기 무렵의 여학생들과 차 샘이 갈등을 일으킬 때다. 여학생들은 자존심을 지키려 하고, 차 샘은 가르치는 자의 권위를 내세우려 할 때 갈등은 극에 달한다. 이건 서로의 암묵적인 영역을 침범하는 것이다.

갈등이 사춘기 여학생의 내밀한 교우 관계와 연결되고, 그것이 표면으로 나와 차 샘의 권위에 도전하는 일이 생긴다면 마주오는 열차가 된다. 어느 누구도 먼저 브레이크를 밟지 않는다. 여

대마왕 차 샘과 못 말리는 귀염둥이들

학생들은 안다. 남자 교사인 차 샘이 넘어오지 못하는 영역이 있다는 사실을. 지도를 위해 비무장 지대를 넘었다고 생각한 차 샘과 고유한 영역을 침범당했다고 생각한 여학생들의 조용하지만 무시무시한 이야기를 지금부터 시작한다.

특별한 아이 지선이

차 샘은 지선이를 생각하면 지금도 마음 한편이 아리다. 십수 년도 더 지난 어느 시골 초등학교에서 지선이를 만났다. 이 학교는 한 학년이 한 학급이었고, 그래서 아이들은 유치원부터 초등학교까지 같이 다녔다.

6학년쯤 되면 으레 덩치 큰 남학생들이 넘치는 에너지를 발산하다 못해 우당탕거리기 십상인데 이 학교 6학년 교실은 달랐다. 지선이가 있었기 때문이다. 지선이는 누가 봐도 눈에 띄는 특별한 아이였다. 늘씬한 키와 또렷한 이목구비의 지선이는 친구들에게는 물론이고 교직원들에게도 멋진 아이로 각인되어 있었다. 지선이는 5학년 때까지 공부면 공부, 운동이면 운동 무엇 하나 빠지는 게 없었다. 거기다 친구들과도 잘 지내고 특유의 통솔력과 리더십을 발휘해서, 덩치로 밀어붙이는 남학생들도 지선이 앞에서는 고양이 앞에 쥐 신세였다.

"지선이는 특별한 아이예요. 아휴, 차 샘은 올해 반 아이들은 잘 만났어요."

작년 담임을 했던 선생님이 인수인계를 해 주면서 지선이에 대한 칭찬을 늘어놓았다.

차 샘은 아이들이 적은 시골 학교라서 평온하고 한가할 거라고 생각했다. 그러나 이런 생각은 부임 첫날부터 깨졌다. 6학년 담임이 되었고, 온갖 힘쓰는 일을 도맡아 해야 했다. 각종 서류와 안내장으로 어수선한 책상에서 일을 하고 있을 때였다.

"선생님, 이건 제가 도와 드릴게요."

지선이는 이렇게 말하고는 능숙한 손놀림으로 안내장을 정리하기 시작했다.

"샘, 안내장 다 정리했고요. 안 낸 애들은 포스트잇에 이름 적어서 앞에 붙여 뒀어요."

"지선아, 고맙다. 안 그래도 정신이 없었는데."

차 샘은 머리를 긁적거리며 고마움을 표했다.

"이런 건 저 시키세요. 말 안 듣고 떠드는 애들 있으면 저에게 말씀하시고요."

"그, 그래."

이럴 때 지선이는 학생이 아니라 스웨그 넘치는 옆 반 경력 선생님 같았다.

발표를 해도, 시험을 쳐도, 음악과 미술 시간에도 지선이가 가장 잘했다.

"야, 빨리 너희들도 해."

지선이 말고 더 발표해 볼 사람이 없냐고 두리번거리는 차 샘을 도와줄 요량이었는지 지선이는 수업 시간에도 열심히 하지 않는 아이들을 독려했다. 유치원부터 5학년까지 이것이 지선이가 있던 반의 모습이었고, 누구도 이상하다고 생각하지 않았다. 민지가 전학 오기 전까지는.

민지를 질투하다

민지는 5학년이 끝나갈 무렵 서울에서 전학을 왔다. 군인인 아버지를 따라 전학을 온 민지는 인형같이 커다랗고 맑은 눈과 뽀얀 얼굴을 가진 눈에 띄는 외모의 아이였다. 전학을 여러 번 다녀서인지 어떻게 하면 친구들과 잘 어울리는지도 아는 것 같았다.

한 학급인 5학년은 6학년이 되어서도 같은 반이 되었다. 그런데 지선이는 민지를 썩 좋아하지 않았다. 아이들이 민지에 대해서 이야기할 때마다 비교되는 것 같았고, 민지가 전학 오면서 자신의 위치가 흔들린다고 생각했기 때문이다.

대부분의 아이들은 아침에 만나도 장난치고 놀기 바쁘지 서로 인사를 하지 않는다. 그러나 민지는 만나는 아이들마다 반갑게 인사를 한다. 지선이에게도 마찬가지다.

"지선아, 안녕."

"그, 그래, 안녕."

지선이의 반응이 영 시원치 않다. 그래도 민지는 다른 아이들처럼 언젠가 지선이도 자신에게 마음의 문을 열어 줄 거라 생각한다.

지선이는 민지가 처음 전학 왔을 때 싫지 않았다. 지선이가 보기에도 민지는 예쁘고 친절한 성격이었다. 게다가 민지에게 가장 먼저 말을 걸고 학교 이곳저곳을 안내해 준 것도 지선이였다. 하지만 지선이는 민지의 집에 가서 다정한 가족들을 보고 난 뒤 묘한 질투심을 느꼈다.

지선이가 4학년 때 아빠가 집을 떠났다. 왜 떠났는지 그 이유는 모른다. 엄마와 심하게 싸우고 난 뒤 집을 떠난 아빠를 지선이는 기억에서 지웠다. 엄마만 있으면 된다고 생각했다. 엄마와 자기를 버리고 떠난 아빠가 미웠다. 하지만 힘들다며 한탄하는 엄마를 볼 때면 그렇게 미웠던 아빠가 생각난다. 엄마를 위해 열심히 공부하고 착한 딸이 되어야겠다고 다짐하지만 요즘은 그게 힘들다. 왜 힘든지, 무엇이 힘든지는 잘 모르겠다. 그냥 힘들다.

다정한 민지의 아빠가 부럽기도 하고, 그런 아빠를 둔 민지가 밉기도 하다. 지선이는 미운 아빠라도 있었으면 좋겠다고 생각하다가 고개를 가로젓는다.

4월 말 중간 평가 시험을 봤다. 지필 평가를 치르던 시절이라 중간, 기말 평가는 아이들에게도 초미의 관심사였다.

"이번에도 보나마나 지선이가 일등이겠네."

아이들은 시험이 끝나자마자 모여서 잡담으로 스트레스를 푼다. 그런데 지선이의 얼굴이 밝지 않다. 시험 결과가 나왔다. 지선이는 '88점'이 찍힌 수학 시험지를 받아 들고 황급히 숨긴다.

"우아, 민지 올 백이야!"

누군가의 외침에 아이들이 민지 주위로 모여든다. 국어, 수학, 사회, 과학, 영어까지 모두 100점을 받은 민지는 별것 아니라는 듯 손사래를 친다.

"운이 좋았을 뿐이야. 공부한 것이 다 나왔더라고."

지선이도 수학을 빼곤 국어, 사회, 과학은 100점이다. 기분이 이상하다. 한 번도 공부로 누군가에게 뒤처진 적이 없는데 민지가 자기보다 잘한다는 걸 받아들일 수가 없다. 불길한 생각은 불길한 상황으로 연결된다.

"자, 이 문제는 지선이가 나와서 풀어 봐."

수학 시간에 차 샘은 지선이를 지목하고 문제를 풀라고 한다. 지선이는 어렵지 않게 문제를 풀고 들어가려고 하는데 차 샘이 한마디 한다.

"지선아, 문제를 어떻게 풀었는지 설명을 해 볼래?"

지선이는 수학에 약하다. 물론 못하는 것은 아니지만 5학년 2학기부터 어렵다는 생각이 들었다. 문제는 어떻게 풀겠는데, 왜 그렇게 되는지 이유를 설명하는 것이 어렵다. 지선이는 분필을 손에 쥔 채 허둥댄다.

"그러니까……."

지선이는 입술을 앙다문 채 분필을 들었다 났다 하고 칠판을 톡톡 친다.

"지선이가 당황했나 보구나. 그럼 민지가 나와서 설명해 볼래?"

'뭐 민지? 차 샘 너무하는 거 아냐?'

순간 당황하고 화가 난 지선이는 고개를 홱 돌려 차 샘을 한 번 보곤 다시 고개를 숙이고 옆으로 비켜선다.

민지는 문제 풀이 과정을 능숙하게 설명한다. 너무나 자연스러워서 아무도 이 상황이 이상하다고 생각하지 않는다. 아이들도 별 의심이 없다. 어쩌면 깔끔하고 조리 있는 민지의 설명에 더 관심이 있었을 뿐이다. 어느덧 지선이보다 민지를 더 좋아하는 아이들이 많아졌다. 그날 이후 지선이는 변했다.

조금씩 어긋나다

지선이는 차 샘을 특별하게 생각했다. '차 샘이 아빠였으면 좋겠다'라는 말은 하지 않았지만 지선이는 차 샘을 아빠처럼 따랐다. 덩치 크고 우락부락해 보이지만 아이들과 장난치기 좋아하고, 스스럼없이 대하는 차 샘의 모습을 생각하면 학교 가는 것이 즐거웠다. 하지만 어느 순간부터 차 샘도 민지를 더 좋아하는 것 같아 싫었다. 무엇보다 친구들이 민지를 더 좋아하는 것 같아 불안했다. 지난번 중간 평가에서 받은 수학 시험지는 불안했던 것이 실제로 나타난 것 같아 초조하기까지 했다. 공부를 하면 할수록 민지를 따라잡을 수 없다는 생각이 초조함을 키웠다.

"지선이가 요즘 왜 저러는 걸까?"

차 샘은 지선이가 변한 것을 이해할 수 없었다. 누구보다 잘 돕고, 열심히 하던 아이가 공부를 소홀히 하면서 다른 것에 집착하는 모습을 불안한 시선으로 보았다. 그렇다고 지선이가 나쁜 짓을 하는 건 아니었다. 운동도 더 열심히 하고, 친구들과도 잘 지냈다. 하지만 느낌이 달랐다. 좀 부산하다고 할까. 왜 그런지 이유를 꼭 집어 말할 수는 없지만 예전과 달랐다.

차 샘은 지선이가 민지를 질투하고 있다는 사실을 몰랐다. 아니, 알 수가 없었다. 교실에선 하루하루 수많은 일들이 일어났고, 차 샘은 그 일들을 처리해야 했다.

어느 날 차 샘은 생기부를 정리하다가 종신이가 졸업이 가까워 올 때까지 상을 받지 못한 걸 발견했다. 보통 서너 개 이상 상을 받는데, 학습 부진에다 소심한 종신이는 상은커녕 교실에 있는 듯 없는 듯 지내고 있었다.

"이번 독서상은 종신이에게 주는 것이 어떨까?"

차 샘은 반 아이들에게 상황을 설명하고, 종신이에게 상을 먼저 주고 책을 읽게 하자고 했다. 대부분의 아이들도 그러자고 했다. 그런데 지선이가 이의를 제기했다.

"그런 게 어디 있어요. 전 이렇게 매번 독서록까지 쓰고 있었단 말이에요."

그러고는 독서록을 펼쳐 보였다.

"어, 그래. 미안하다. 몰랐구나. 그럼 이건 없던 일로 할게."

차 샘은 당황했다. 지선이의 말이 틀린 게 없어 반박할 수는 없었지만 입맛이 쓴 것은 어쩔 수 없었다. 그날 이후 차 샘도 지선이에 대한 생각에 변화가 생겼다.

숨겨진 갈등

태희는 지선이와 사이가 그리 좋지 않았다. 4학년 때 사소한 일로 다툰 이후 소원해졌다. 열 명 남짓한 여학생들 사이에서 소원한 관계가 생기면 참으로 풀기 어려웠다.

민지가 전학 오고부터 태희와 민지는 둘도 없는 단짝이 되었다. 아이들 앞에 나서기보다는 절친과 수다 떠는 것을 좋아하고, 소설책과 팝음악을 좋아하는 취미도 같았다.

"지선이가 좋긴 한데, 한 번씩 말을 함부로 해서 싫어. 걔는 자기편을 안 들어주면 보복을 한다니까."

태희의 말에 민지는 깜짝 놀랐다. 겉으로는 성격이 좋아 보이는 지선이에게 다른 면이 있다는 사실에 이상한 호기심이 들기도 했다.

"선생님들이 볼 땐 누구보다 모범생인 척하지만, 자기보다 잘하는 아이가 있으면 질투가 엄청 심해. 특히 공부 시간에 튀는 애들을 무척 싫어해. 민지 너도 조심해야 할 거야. 이번 중간고사도 지선이보다 잘 봤으니 널 좋게 보진 않을 테니까."

민지는 태희의 말을 다 믿을 수 없었다. 전학 왔을 때 누구보다 친절하게 학교를 안내해 주지 않았던가. 민지는 고개를 저으며 말했다.

"내가 잘못한 게 없으면 괜찮겠지. 알려 줘서 고마워."

태희와 민지가 친하게 지낼수록 지선이는 심기가 불편해졌다. 아무도 지선이에게 싫은 말이나 나쁜 짓을 하지 않았지만 한 번 틀어진 감정은 미움으로 변했다. 그리고 누구도 그 사실을 눈치채지 못했다.

'재수 없는 것들!'

어느 순간부터 지선이는 태희와 민지가 함께 있는 것을 보면 속으로 중얼거렸다. 교실 분위기는 점점 이상해져 갔다. 여학생들 대부분은 지선이 편이었다. 지선이가 왜 태희와 민지를 싫어하는지 몰랐다. 분명한 건 지선이가 싫어한다는 것이다. 지선이가 싫어하는 걸 함께 싫어해 줘야 한다. 그렇지 않으면 지선이가 싫어한다.

여자아이들은 지선이의 울타리 속에서 보호 받지 못할까 봐 두려워한다. 자신의 의견은 필요 없다. 오직 지선이의 의견이 중요하다. 학년이 오르고 담임이 바뀌어도 지선이는 함께 간다. 중학교도 마찬가지다. 지선이의 울타리를 벗어난다는 건 있을 수 없는 일이다. 요즘 들어 지선이가 예전과 다르다는 생각을 하지만, 태희와 민지를 험담할수록 지선이가 좋아한다는 사실을 알게 된 아이들은 작은 흠집이라도 찾아서 고자질을 한다. 그것이 실제로 일어난 일이 아니라고 해도 말이다.

"지선아, 지난번 과학 시간에 보니까 민지가 과학 샘한테 잘 보이려고 애교를 부리더라. 눈꼴시어 못 보겠더라고. 태희도 민지한테 딱 붙어 가지고 아마 너 험담하고 있을걸."

지선이가 듣고 싶어 할 정보라면 무엇이든 일러바친다. 그렇게 아이들의 긴장감은 높아져 갔다.

차 샘은 여자아이들 사이에서 벌어지고 있는 일을 알지 못했다. 대신 전보다 더 왁자한 교실 분위기가 싫지 않았다. 남학생들 틈에 주눅 들어 있던 여학생들이 남학생들 못지않게 몰려다니고 떠드는 것은 좋은 일이라 여겼다. 그 사건이 있기 전까지는 말이다.

폭풍 전야

차 샘만 모르고 있었을 뿐, 불안불안한 이들의 관계는 1학기 내내 지속되었다. 겉으로는 평온한 것 같았지만 물밑에선 감정이 틀어진 아이들의 다툼이 연일 계속되었다. 대등한 힘의 관계에서 하는 것이 아니라 지선이 그룹 아이들의 공격과 그걸 방어하는 태희와 민지의 몸부림이었다. 남자아이들은 이 다툼에 끼어들고 싶어 하지도, 관심도 없었다.

시원한 바람이 불어오는 9월 말 어느 날, 점심시간이 끝나고 교실에 들어온 차 샘은 이상한 점을 발견했다. 민지와 태희는 얼굴이 굳어 있었고, 이와는 대조적으로 지선이 주위의 다른 여자아이들은 웃고 떠드느라 선생님이 들어온 줄도 몰랐다.

"이게 뭐냐?"

차 샘은 수업을 시작하려고 교탁 위에 책을 펴다 말고 교실 통로에서 접혀진 종이 하나를 집어 들었다.

태희, 민지 그 미친년들이 어제 또 잘난 척 지랄을 하더라고…….

차 샘은 처음에는 대수롭지 않게 여겼다. 작은 오해라고 생각하고 누가 적었는지 왜 적었는지 이유를 듣고, 화해하면 될 거라고 생각했다.

"이거 누가 적은 거니? 나와 봐."

아이들의 웅성거림이 잦아들고 이내 싸한 기운이 교실을 감돌기 시작했다.

"우리가 적은 거 아닌데요."

예지가 짧은 적막을 깨뜨리고 말을 꺼냈다. 예지는 지선이의 절친이다. 공부도 잘하고, 무엇보다 부모님과 사이가 안 좋은 사춘기를 보내는 터라 부모님 험담을 나누다 보니 지선이와 세상 누구보다 가까운 사이가 되었다. 반에서 유일하게 아빠가 없는 지선이의 집 사정도 알고 있었다. 예지는 지선이의 보디가드를 하고 싶었던 것이다. 날카롭게 날이 선 예지의 목소리에는 '선생님, 더 이상 우리 일에 관여하지 마세요'라는 뉘앙스가 담겨 있었다.

차 샘은 예지뿐만 아니라 반의 여학생들과 불편한 사이가 아니었기에, 이런 반응이 낯설고 한편으로는 섭섭하면서 화가 났다.

"친구들끼리 오해가 생기면 풀어야지 이 무슨 짓이냐? 이런 쪽지를 주고받는 게 잘한 짓은 아니잖아. 누가 이런 짓을 했는지 알아야겠다. 누가 한 거야?"

묵묵부답. 이럴 땐 침묵이 금이 아니다. 아이들의 침묵은 차 샘의 화를 돋우었다.

"뭐야? 아무도 한 사람이 없단 말이냐? 지선아, 이게 무슨 일이냐?"

차 샘은 여느 때와 다름없이 지선이에게 물었다. 학급에서 다툼이 생기면 누구보다 정확하게 상황을 정리해서 알려 주었기 때문이다. 차 샘은 지선이의 영향력을 빌려 이 문제를 해결하려

했다.

"저도 잘 모르겠는데요."

예상치 못한 지선이의 대답. 차 샘은 묘한 배신감을 느꼈다. 화가 났지만 화를 내서는 안 되었다. 그러나 믿음이 깨져서 오는 배신감은 목소리를 누른다고 감춰지는 것이 아니었다.

"정말 모른단 말이야? 그럼 태희와 민지, 너희가 설명해 봐."

태희와 민지 역시 굳은 얼굴로 아무 말도 하지 않았다.

"저 선생님, 여기서 하긴 좀 곤란한데요."

민지가 작은 목소리로 침묵을 깼다.

"여학생들은 모두 오늘 집에 가지 말고 남아라."

차 샘의 말대로 수업을 마친 후 남학생들은 집으로 가고 여학생들만 남았다. 교실엔 무거운 적막감이 감돌았다. 그래도 차 샘은 희망을 버리지 않았다. 여기서 잘 해결하면 될 것이라 여겼다.

"그래, 무슨 일인지 한번 들어 보자."

열 명의 여학생들이 있었지만 아무도 입을 열지 않았다. 차 샘은 슬슬 화가 치밀었다.

"아무도 말을 안 한단 말이지? 그럼 할 수 없다. 한 명씩 오늘 무슨 일이 있었는지 종이에 써라. 모두 다 쓰기 전까진 집에 갈

수 없다."

차 샘은 종이를 나눠 주고는 교실 밖으로 나갔다.

사각사각.

숨소리 하나 없는 조용한 교실엔 종이를 스치는 연필 소리만이 끊이지 않고 이어졌다. 이윽고 차 샘이 다시 나타났다.

차 샘은 아이들이 쓴 글을 하나씩 읽었다. 그런데 읽으면 읽을수록 무슨 말인지 파악하기가 어려웠다. 분명 이 아이들의 글쓰기 능력이 떨어지는 것은 아닌데 읽고 난 뒤 머릿속에 그림이 제대로 그려지지 않았다.

"어디서부터 오해가 생긴 거야?"

차 샘은 이것이 가장 궁금했다. 하지만 아이들이 써 놓은 어떤 글에도, 어떤 대답에도 처음 시작이 무엇인지 알 수 없었다.

'지선이가 절 미워해요.'

'민지가 잘난 척하고 무시했어요.'

아이들은 서로를 향해 날을 세웠다.

잘난 척의 기준은 모호했고, 미움의 보복은 집요했다. 지선이 편에 있는 아이들은 상처를 주기 위해서 무슨 짓이든 했고, 태희와 민지는 대꾸하기를 포기하고 견뎠다.

아무런 결론이 나지 않았다. 문제가 무엇인지 파악하기에도 시간이 모자랐다. 감자의 뿌리를 캐는 느낌이었다. 하나를 캐면 또 다른 감자가 나오면서 끝이 보이지 않게 얽혀 있었다.

퇴근 시간이 다가오면서 더 이상 아이들을 교실에 붙들어 둘 수 없었다. 아이들은 이렇게 끝났다고 생각했다. 하지만 차 샘의 생각은 달랐다. 지선이가 차 샘의 권고를 무시한 것이라 여겼다.

'이대로 끝낼 순 없어. 끝장을 보자.'

넘지 말아야 할 선을 넘다

"오늘도 여학생들은 남아라."

차 샘의 말에 여학생들은 눈을 동그랗게 뜨고 바라보았다. 그러고는 일이 이렇게 커질 줄 몰랐다는 듯 서로의 얼굴을 쳐다보며 눈빛을 나누었다. 지선이는 별 동요 없이 차 샘을 응시했다.

"지선아, 왜 이런 일이 생긴 거야? 왜 태희와 민지를 싫어해?"

벌써 일주일 가까이 차 샘의 상담인지 취조인지 모를 질문은 계속되었다. 그러나 아이들의 대답을 들으면 들을수록 파고들면 파고들수록 모호했다. 문제의 핵심은 늘 비켜 갔고, 본질은 흐릿했으며, 파편의 기억만이 남아 진짜 이야기를 감췄다. 문제는 사라지고 감정만 남았다.

차 샘은 어느 순간부터 태희와 민지의 편에 섰다. 아무리 봐도 지선이가 아이들을 시켜 민지와 태희를 괴롭힌 정황이 더 많이 나왔다. 게다가 지선이는 자신의 잘못을 인정하지 않았다.

"선생님, 우리 그냥 화해하고 끝낼게요."

민지와 태희는 이런 상황이 불편했는지 화해를 하겠다고 했다. 어느 순간부터 차 샘과 지선이가 감정싸움을 한다고 생각해서 말리고 싶은 마음이 컸다.

"지선아, 그래서 네 잘못은 없다는 거냐?"

"왜 저한테만 이러시는 거예요?"

지선이가 민지에게 욕설과 왕따를 지시했다는 것을 알고 난 뒤 차 샘도 평정심을 잃었다. 지선이가 차 샘을 서운하게 생각하듯, 차 샘도 지선이에게 배신감을 느꼈다. 지도를 해야 하는 선생으로서의 본분을 잊고 이성을 잃어 가기 시작했다.

그 롤링 페이퍼를 보는 게 아니었다.

지선아, 넌 잘못한 게 없어. 차 샘 그 새끼가 나쁜 새끼야. 그 개새끼는 선생도 아니야.

아이들이 돌아가며 자신에 대한 욕을 가득 써 놓은 롤링 페이퍼를 보고 난 뒤 차 샘은 더 이상 참을 수가 없었다.

"너희들이 학생이야? 사람이야? 어떻게 선생님에게 이런 욕을 할 수가 있어? 어디서 배운 버르장머리야! 너희 부모님 다 불러야겠다. 용서할 수 없어."

아이들은 롤링 페이퍼를 차 샘에게 들키자 하늘이 무너지는 것 같았다. 이건 어떻게 해 볼 수 없는 위험한 상황이었다. 거기다 부모님이라니. 어떻게 해야 할지 감이 오지 않았다. 그저 잘못했다고 비는 것밖엔 길이 없었지만 그것도 쉽지 않았다. 지선이가 차 샘을 노려보며 아직도 버텼기 때문이다. 아이들은 차 샘과 지선이의 사이에 끼어서 눈치만 보고 있었다.

지선이와 차 샘의 감정싸움은 평행선을 달렸다. 누구도 먼저 멈추려 하지 않았다.

"나쁜 일을 했으면 인정하고 사과할 일이지 뭘 잘 했다고 그렇게 바락바락 대들어! 너 어디서 눈을 그렇게 뜨고 반항하는 거야! 집에서 그렇게 배웠어? 엄마 아빠가 그렇게 가르치던?"

차 샘의 호통에 지선이의 눈에 눈물이 그렁했다. 어금니를 앙다물었고, 호흡이 가빠졌다. 그러나 쏘아보는 눈빛만큼은 여전했다. 넘지 말아야 할 선을 넘었다. 그 선은 차 샘이 먼저 넘었다.

"제가 뭘 잘못했다고 이렇게 괴롭히는 거예요. 선생님이 뭘 안다고 우리 엄마 아빠를 들먹이는 거예요. 제가 나쁘다고요? 제

대마왕 차 샘과 못 말리는 귀염둥이들

가 잘못했다고요? 차 샘도 마찬가지예요. 다른 어른들이랑 똑같 아요. 늘 이런 식이죠. 아무리 잘 해도 떠난 우리 아빠처럼 선생님 들도 떠나잖아요. 차 샘은 안 그런 줄 알았는데. 흑흑흑…….”

지선이가 무너졌다. 하지만 차 샘이 원하던 그림은 아니었다. 지선이를 누르기 위해 자극적인 방법을 쓴다는 것이 그만 지선이 의 아픈 곳을 건드리고 말았다. 지선이가 한참을 우는 동안 그 누 구도 말을 하지 않았다. 태희도 민지도, 다른 아이들도, 차 샘도 어떻게 해야 할지 몰랐다.

어색한 봉합

아이들의 갈등이 있었다. 그러나 그 갈등을 공론의 장으로 끌 어내 화해의 수순을 밟으려던 차 샘의 순진한 시도는 무참히 깨 졌다. 치열하게 전투를 치렀으나 모두 너덜너덜하게 상처만 입었 을 뿐 아무것도 달라진 것은 없었다.

차 샘은 부모님을 부르지 않았다.

지선이와 예지는 잘못을 인정하지 않았다.

태희와 민지는 사과를 듣지 못했다.

그날 이후 아무도 그 일주일의 상담을 꺼내는 이는 없었다. 철 딱서니 없는 남학생들도 이건 건드리지 않았다. 아무도 묻지도,

알려 하지도 않았다. 그냥 그렇게 시간이 흘렀다. 교실은 평소와 다름없는 듯했다. 그러나 공기는 이전과는 달랐다.

어느덧 졸업이 다가왔다. 졸업장을 받고 헤어지는 마지막 순간에도 차 샘과 지선이는 아무 말도 하지 않았다. 졸업장만 차 샘의 손에서 지선이의 손으로 전해졌을 뿐이다.

차 샘과 싸운 아이들은 많다. 그러니 어떤 형태로든 서로의 마음을 이해하고 화해했다. 졸업하기 전까지 화해하지 못한 아이들은 고등학교, 대학교에 들어가서 화해를 했다. 어른이 되어서 화해한 아이도 있다. 그러나 지선이는 지금껏 화해하지 못한 유일한 아이로 남았다. 지금도 찬바람이 부는 계절이면 차 샘은 가슴 속 아픈 기억으로 지선이가 떠오른다.

'지선아, 잘 지내니?'

화해 공감 수업

교실에서 다툼이 생기면 가해자로 지목된 아이는 자기 잘못이 아니라고 발뺌을 하고, 급기야 피해자 아이에게 잘못을 떠넘긴다. 이때 교사는 아이들이 무슨 일로 싸웠는지 시시비비를 가리는 것도 중요하지만, 왜 감정이 상했는지 살펴보는 것이 더 중요하다. 화해 공감 수업은 이 지점을 주목한다.

아이들 사이에 다툼이 생기면 화해 공감 수업을 통해 문제를 해결한다. 즉 일반 법정에서와 마찬가지로 사회자와 배심원을 정해서 아이들 스스로 문제를 해결하게 하는 것이다. 이때 교사는 개입을 최소화하면서 심판자보다는 과정을 진행하는 안내자의 역할을 한다.

먼저 피해자 아이가 왜 감정이 상하고 화가 났는지, 상대에게 무엇이 섭섭했는지를 말하면 가해자로 지목된 아이가 그에 대한 반론을 한다. 그리고 배심원 아이들은 잘 듣고 그때그때 필요한 질문을 하고 시시비비를 가린다. 목격자가 있다면 추가 진술을 듣는다.

이렇게 하면 오해가 더 커지지 않을까 걱정하지만 아이들은 대부분 공정하게 처리한다. 학교에서 배우는 것이 바르게 듣고, 말하는 것이기 때문이다.

"왜 기분이 상했어?"

"이해가 잘 안 되는데 좀 더 자세히 설명해 줄래?"

다툼을 본 아이들도 당사자가 아니기에 다툼의 이유를 모르는 경우가 많다. 이렇게 묻고 답하는 과정에서 다툰 당사자도 자신의 실수와 잘못을 깨닫는다.

마지막으로 배심원들이 판결을 한다. 보통 일방적으로 잘못을 저지른 경우가 아닌 이상 자동차 사고처럼 과실 비율을 몇 대 몇으로 정확히 나눌 수 있다. 그럼 잘못을 많이 하거나 먼저 한 쪽에서 먼저 사과를 하고 사과를 받은 쪽에서 용서를 할 것인지를 결정한다. 공개적으로 사과와 용서를 할 때는 무엇을 잘못했는지, 무엇 때문에 기분이 나빴는지도 말하는 것이 원칙이다.

"내가 먼저 화를 내서 미안해."
"나도 시비를 걸어서 미안해."

그렇게 다투다가도 배심원들의 판정을 받아들이고 사과를 주고받는 아이들은 마음이 한 뼘 더 자라게 된다.

그러나 모든 다툼에 화해 공감 수업을 적용할 수 있는 것은 아니다. 일방적인 폭력, 집단 괴롭힘, 지속적인 괴롭힘으로 인한 학교 폭력은 화해 공감 수업 대상이 아니다.

욕 특집 수업

    욕을 하는 것 자체가 나쁘다는 것은 아이들도 알고 있다. 그럼에도 아이들은 문장 중간에 또는 말끝마다 욕을 달고 산다. 왜 그럴까? 욕을 하면 좀 더 세 보이거나, 다른 친구들과의 동질감, 소속감을 느끼기 위해서가 아닐까? 혹은 단순히 재미 삼아 그럴 수도 있다.

    아이들은 이렇듯 시시때때로 욕을 하면서도 그 의미를 정확히 모르는 경우가 많다. 따라서 아이들이 욕을 자주 한다면 욕을 하는 자체를 지적하기보다는 욕에 담긴 의미를 직접적으로 말해 주는 것이 좋다. 그것도 수업의 형태로 전달하면 더 효과적이다. 이름하여 '욕 특집 수업'이다.

    이 수업은 열 살이 넘어가는 초등 4학년부터 할 수 있고 5~6학년이면 좀 더 구체적으로 해도 된다.

    욕 특집 수업은 간단하다. 4학년 국어에 사전 찾기가 나오는데, 국어사전에서 욕과 관련된 표현과 그 의미를 찾아보는 것이다. 욕의 의미를 찾아보면 남녀의 성기를 포함한 성적 표현이나 부모를 비하하는 내용이 많다. 이때 교사는 과장하거나 부끄러워하지 말고 보건 시간과 연결된다고 생각하고 욕에 담긴 의미를 구체적으로 담담하게 알려 주는 것이 좋다. 필요하다면 칠판에 적도록 한다. 굳이 욕이 나쁘다는 사실을 지적하지 않아도 평소에 자주 욕을 하는 아이들은 부끄러워한다.

욕 특집 수업을 통해 욕설에 담긴 의미를 알면 함부로 욕을 하는 것이 어떤 결과를 가져오는지 스스로 체험힐 수 있다. '패드립'이라 생각 없이 썼던 욕이 부모를 욕한다는 사실을 알고는 소스라치게 놀라는 아이도 있다.

욕 대신 감정을 표현하는 다른 단어나 방법을 알려 주면 효과가 더 좋다. 특별한 것이 아니다. 국어 교과서에 이런 내용이 거의 대부분 나온다.

겨울
열매를 남기다

제4장

겨울은 매듭의 계절이다. 나무가 풍성했던 잎사귀들을 떨어뜨리고 다음 해에 싹을 틔울 열매를 남기듯, 아이들은 자신만의 열매를 품는다. 매듭은 새로운 시작의 상징이다. 나이테의 검은 줄은 겨울의 거센 날씨를 견디며 새긴 훈장이다. 그래서 매듭은 한 계절의 종료이자 봄을 준비하는 디딤이 된다. 또 다른 세상에서 열매는 대지에 뿌리를 내리고 또 다른 삶을 살아갈 것이다. 대마왕도 귀염둥이들을 응원하며 교실 한살이의 매듭을 짓는다.

언니 강령

소희는 교실에서 있는 듯 없는 듯한 아이다. 공부, 운동, 학교 생활 등 모든 면에서 존재감이 적다. 소극적인 성격이라 먼저 다가서는 방법을 잘 모른다. 그렇다고 학교생활을 못 하는 것은 아니다. 해야 할 일, 시키는 일, 공부는 어떻게든 해낸다.

'왜 항상 얼굴이 어두울까?'

차 샘은 소희를 보며 생각한다. 상황이 답답하긴 하지만 표 나게 잘못한 것이 없으니 아는 척하기도 어렵다. 소희에게 접근하려면 이벤트가 있어야 한다. 잘한 일이든 못한 일이든 혹은 다툼이라도 있어야 소희 삶에 들어갈 수 있다.

'한 번이라도 환하게 웃는 소희를 봤으면 좋겠는데……'

차 샘은 이때만큼은 대마왕이 아닌 친절한 선생님이길 원한다. 그러나 어쩌랴. 얼굴이 워낙 험상궂어 친절하게 미소를 짓고 다가서도 소스라치게 놀라는걸.

소희에겐 동생이 둘 있다. 여동생은 한 살 차이고, 막냇동생은 아직 유치원에 다닌다. 엄마 아빠가 바빠서 막냇동생의 뒤치다꺼리는 첫째인 소희의 몫이다.

"엄만 소희가 있어 참 든든해."

엄마의 칭찬에 말썽쟁이 동생을 돌보는 고생쯤은 눈 녹듯이 사라진다. 그럼에도 둘째인 소현이가 밉다. 언니를 돕기는커녕 늘 자기 것만 챙기고 쏙 빠지기 일쑤다.

"소현아, 너도 한 번씩 동생 좀 챙겨. 그리고 네가 쓴 물건도 정리하고."

소희가 엄마 대신 잔소리를 하면 소현이는 발끈한다.

"언니가 뭔데 나한테 뭐라고 해? 난 내가 하고 싶은 대로 할 거야."

소희는 말대꾸하고 대드는 동생이 밉다. 하지만 동생이 ADHD(주의력결핍 과잉행동장애)로 엄마와 병원에 다니는 걸 알기에 참는다. 그래도 화가 날 때는 스케치북을 꺼내 마구 낙서를 한다. 그럼 마음이 좀 풀린다.

"소희는 언니니까 동생들에게 잘 해 줘야 해. 그게 엄마를 돕는 길이야."

늘 하는 엄마의 당부가 소희에겐 무거운 짐이다.

'소현이가 없었으면 좋겠어.'

소희는 요즘 들어 가끔 이런 생각을 한다. 소현이는 언니의 말을 잘 듣지 않을 뿐만 아니라 물건을 던지며 소리를 지르기도 한다. 그럴 때면 동생이 없었으면 더 행복할 거라는 생각을 하다가 문득 무서운 마음이 들어 슬프다.

'동희가 없었으면 어쩔 뻔했을까?'

소희에겐 단짝 친구 동희가 있다. 소희는 동희에게만큼은 자신의 비밀을 털어놓는다. 둘은 성향이 비슷하다. 다른 아이들과 있을 땐 조용하지만 둘이 만나면 온갖 수다를 떨며 시간을 보낸다. 둘이 다른 점이 있다면 차 샘을 대하는 태도다. 소희는 아직 차 샘이 어렵다. 무서운 것은 아니지만 그렇다고 다가가기도 쉽지 않다. 특히 다른 귀염둥이들을 몰아세우면서 혼낼 때는 자신이 혼나는 것 같은 느낌이 든다.

"호호, 재미난다."

동희는 다르다. 차 샘이랑 귀염둥이들의 모습은 한 편의 코미디를 보는 것 같다. 스크린에는 피가 튀어도 절대 관객석에는 튀지 않는다는 걸 안다. 물론 귀염둥이에게 피를 튀길 만큼 혼내는 것은 아니지만 평소 교실에서 장난치던 아이들이 차 샘에게 추궁을 당하는 걸 보면 고양이 앞에 쥐를 보는 것 같아 내심 고소하기까지 하다.

"넌 차 샘이 무섭지 않아?"

어느 날 소희는 차 샘과 귀염둥이들의 모습을 보며 즐거워하는 동희에게 물어본다.

"무섭긴 뭐가 무서워. 다 적당히 하는 거야. 저것 봐, 아프지도 않으면서 괜히 엄살을 부리는 꼴이라니."

마침 귀염둥이들은 숙제를 안 해 차 샘에게 괴롭힘(?)을 당하고 있었고, 동희를 비롯한 다른 아이들은 즐거운 코미디를 감상하고 있었다.

"소희가 샘이 무섭대요."

쉬는 시간에 대마왕의 책상 주위에서 얼쩡거리던 동희는 틈을 봐서 알려 준다.

"뭐라? 소희가? 근데 소희는 너무 조용해서 무슨 생각을 하는지 도통 알 수가 없어. 넌 뭐 아는 거 없니?"

일제 고등계 형사로 빙의한 차 샘은 능글맞은 미소를 지으며 책상 서랍에서 숨겨 둔 사탕 하나를 꺼내 다른 아이들 몰래 동희에게 준다.

눈치 빠른 동희는 사탕을 입에 쏙 물고는 소희에 대해 알려 준다.

"음, 그런 일이 있었군. 소희가 동생에게 무시당해서 속상한 가 보구나."

"맞아요, 샘. 무슨 방법이 없을까요?"

차 샘은 한동안 생각에 잠긴다.

"오늘부터 밥 친구 제도를 시행한다."

수업 시간이 되자 차 샘은 칠판에 '밥 친구'라고 쓴다. 또 무슨 이벤트인가 싶어 눈이 동그래진 아이들.

"생각해 보니 1년이 다 가도록 샘이랑 이야기를 못 해 본 아이들이 있는 것 같아. 따로 시간을 내기엔 그렇고 급식 시간만이라도 차 샘과 밥을 먹으며 이야기를 하는 거지."

급식 시간에 차 샘과 밥을 먹으며 이야기를 하자니? 아이들은 무슨 꿍꿍이인가 싶어 의심의 눈길을 보낸다. 사실 차 샘은 급식 지도를 하지 않는다. 급식을 먹기 위해 학교에 오는 것이 아닌가 의심될 정도로 밥 먹는 것을 좋아해서 먹을 때 말 시키는 것도 싫어한다. 그런 차 샘이 밥을 먹으면서 이야기를 하자니? 해가 서쪽에서 뜰 일이다.

"한 명씩 하면 시간이 오래 걸리니까 두 명씩 짝을 지어서 밥을 먹자. 대신 그날의 밥 친구는 식당에 가는 줄을 설 때 가장 앞

237

에 선다."

대충 규칙을 정하고 밥 친구 순서도 정한다.

'소희와 동희.'

역시나 둘은 같은 밥 친구 조를 선택했고, 마침내 그날이 왔다.

"샘, 있잖아요. 어제 어쩌고저쩌고……."

차 샘 건너편에 앉은 동희가 쉴 새 없이 조잘거린다. 차 샘은 한 귀로 듣고 한 귀로 흘린다. 그러다 소희에게 슬쩍 말을 건넨다.

"소희야, 넌 고민 없어? 차 샘이 웬만한 건 다 해결해 줄 수 있는데."

남들 하나 받는 돈가스를 세 개나 받아서 우걱우걱 씹던 차 샘은 별것 아니라는 듯 말한다.

동희와 차 샘의 대화를 지켜보던 소희가 용기를 내어 동생 소현이에 대한 고민을 털어놓는다.

"동생이 너무 까불어요. 제가 언니인데, 언니 말은 듣지도 않고…… 제 말은 아예 무시해 버려요."

차 샘은 숟가락과 젓가락을 탁 내려놓고 소희를 쳐다본다. 소희도 밥을 먹다 말고 차 샘을 바라본다.

"소희야, 이제부터 차 샘의 말을 따라 해 봐. 언니는 짱이다!"

"네?"

"따라 해 보라니까. 언니는 짱이다!"

"어디서 까불어! 죽고 싶냐?"

"아니꼬우면 네가 언니 해라!"

"죽었다 깨어나도 내가 언니다!"

소희는 놀라면서도 얼굴이 밝아진다. 그러고는 차 샘이 불러 주는 대로 따라 한다. 낙서할 때보다 속이 더 시원하다.

"다시 한번 말한다. 언니는 짱이다!"

차 샘은 한 번 더 말을 따라 하도록 한다. 소희는 처음보다 목소리를 높인다.

"이건 언니 강령이라는 거야. 앞으로 동생 소현이가 말대꾸하거나 대들면 마음속으로 언니 강령을 외쳐 봐. 그럼 힘이 날 거야."

밥을 먹다 말고 차 샘과 소희, 그리고 동희는 어떻게 하면 동생을 공략할 것인지 계획을 짠다.

"동생의 약점이 뭔지 알고 있지? 알고 있으면 써먹어야 해. 그리고 넌 동생에게 약점 잡히지 마."

소희의 얼굴에 화색이 돈다.

"자세한 계획은 친구인 동희와 짜거라. 차 샘은 여기까지!"

귀중한 급식 시간에 엄청난 교육 활동을 한 차 샘은 식어 버린 돈가스를 아쉬워하며 한 점 남김없이 우걱우걱 씹는다.

"밥은 먹고 계획을 짜야지."

어느샌가 급식 판을 깨끗하게 비운 차 샘은 배를 두드리며 식당을 나가고 소희와 동희는 계획을 짜느라 여념이 없다. 묘한 웃음꽃이 식탁에 가득하다.

대마왕 차 샘과 못 말리는 귀염둥이들

어떤 모습이
네 진짜 모습이니?

계수는 참 어려운 아이다. 아이들과 다툼도 잦고 어떨 땐 차 샘에게 대들기도 한다. 불같이 화낼 때와 달리 천진한 표정을 지을 땐 개구진 아이 모습 그대로다.

계수가 지각을 했다. 처음이 아니다. 몸이 아프거나 특별한 사정이 있어 지각을 한 것이 아니라 늦잠을 자서 못 일어나는 경우가 대부분이다. 그런데 특이하다. 대부분의 아이들은 지각이나 결석을 되도록 안 하려고 하는데, 계수는 전혀 개의치 않는다.

그날도 오전 열 시가 넘어 학교에 온 계수는 아무렇지 않은 듯 차 샘에게 꾸벅 인사를 하고는 자리에 앉는다. 마침 다른 아이들은 과학실에서 전담 수업을 하고 있다. 계수는 가기 싫다고 해서 교실에 남았다.

"샘, 저 어제 돈가스 먹었어요."

"샘, 저 야구 잘해요."

차 샘은 묻지도 않는 이야기를 하는 계수를 물끄러미 바라본다.

"야 이 녀석아, 넉살도 좋다."

요즘 계수는 차 샘과 이야기하는 걸 좋아한다. 배시시 웃으면서도 말을 멈추지 않는다. 그러다 뜬금없이 이렇게 말한다.

"샘, 저 아빠 없어요. 제가 어릴 때 이혼했어요."

"이미 알고 있다."

차 샘의 대답에 갑자기 계수가 입을 꾹 다문다.

계수에게는 아픈 기억이 있다. 아주 어릴 때 부모가 이혼하고 엄마와 같이 살게 되었지만 제대로 된 돌봄을 받지 못했다. 안 그래도 예민한 성격의 계수는 유치원과 초등학교를 거치면서 거칠게 변했다. 그런 계수를 보며 엄마는 아무것도 할 수 있는 것이 없었다. 야단도 치고 달래도 보았지만 그때마다 악을 쓰고 반항하는 계수를 어떻게 할 수가 없었다.

없는 살림이었지만 엄마는 계수를 위해선 아낌없이 썼다. 용돈이며 게임기며 해 달라는 것은 다 해 주었다. 그런 것도 잠시,

쉽게 요구하고 쉽게 받는 것에 익숙해지면서 계수는 제지를 받는 것을 극도로 싫어했다. 엄마는 계수에게 돈을 쥐어 주며 부모가 해야 할 것을 놓아 버렸다. 엄마도 감당이 안 되었다. 그러니 학교 생활도 엉망일 수밖에.

작년까지는 학교도 나오고 싶으면 나오고 나오기 싫으면 안 나오다 6학년이 된 올해는 그나마 지각은 해도 학교에는 나왔다. 사실 계수는 외로운 아이다. 험한 말을 입에 달고 다니고 행동을 우악스럽게 하지만 누구보다 친구가 그립고 돌봐 줄 어른이 필요하다. 많은 용돈 자랑, 신형 컴퓨터 자랑을 하며 뻐기고 싶지만 학년이 올라가면서 소외감도 든다. 지기 싫어 자존심을 세워 보지만 어느샌가 자기보다 덩치가 커지는 친구들과 학교생활을 잘 적응해 공부해 나가는 반 아이들을 보며 위축된다. 그럴수록 허풍과 허세는 더 심해지고 스파크가 튀어 다툼이라도 벌어지면 물불을 가리지 않고 덤빈다.

그러던 계수가 오늘은 아빠 이야기를 먼저 꺼낸다.

"전 아빠를 미워하지 않아요. 그래도 절 낳아 주신 분이니까요."

눈을 내리깔고 애꿎은 색종이만 이리저리 뒤집고 접던 계수는 아빠의 이야기를 이어 간다.

"아빤 유치원 다닐 때까지는 한 번씩 찾아와서 놀아 줬어요. 아빠 집에 가서 놀기도 했고요. 근데 제가 초등학교에 다니면서부터는 잘 안 왔어요. 그러다가……."

계수는 잠시 말을 멈추고 한숨을 쉰다. 그러고는 말을 잇는다.

"초등학교 3학년 때였어요. 밤에 시끄러운 소리가 나서 잠결에 눈을 떴는데, 아빠와 엄마가 싸우고 있었어요. 아빠는 엄마한테 욕을 하고 때렸어요. 물건도 부수고요. 전 너무 겁이 났어요. 자는 척하고 이불을 뒤집어쓰고 숨죽이고 있었어요."

차 샘은 계수 옆에 가서 앉더니 어깨에 손을 얹는다.

"무슨 이유인지 묻지 않을게. 왜 이런 비밀을 말하는지도 묻지 않을게. 하지만 차 샘이 계수에게 꼭 하고 싶은 말이 있어."

계수는 슬그머니 고개를 들어 차 샘을 바라본다.

"아빠와 엄마가 이혼한 건 네 잘못이 아냐. 혹시라도 부모의 이혼이 네 잘못이라고 생각하지 마. 다시 말할게. 계수 네 잘못이 아냐."

차 샘은 몇 번이고 계수의 잘못이 아니라고 말해 준다.

계수는 고개를 파묻고 어깨를 들썩인다.

"계수야, 아빠와 엄마는 각자 인생을 살아. 그래서 이혼한 거야. 어른들은 어른들의 삶이 있어. 계수는 부모님의 사랑을 받을 권리가 있고, 부모님은 널 사랑할 의무가 있어. 그러니 네가 잘못한 건 없는 거야."

잠시 후 종이 울리고 과학실에 갔던 아이들이 교실로 돌아오는 소리가 들린다.

"아이들이 네 모습을 보면 곤란하니까 미술실에 가서 도화지 몇 장 가져오너라. 애들한테는 심부름을 보냈다고 할 테니. 화장실에 가서 세수도 좀 하고 천천히 교실로 와."

계수는 손등으로 눈물을 훔치며 아이들이 오는 반대편 복도로 간다.

그날 이후로 계수는 지각하는 일이 눈에 띄게 줄었다. 그렇다고 착실한 모범생의 모습은 아니었다. 좋을 때 환한 얼굴과 화날 때 욱하는 행동을 롤러코스터처럼 큰 진폭으로 반복할 뿐이었다.

"계수야, 샘이랑 이야기 좀 하자. 뒤뜰로 와."

식당에서 밥을 먹고 나가기 바쁜 계수는 자기가 생각해도 별 잘못한 것이 없는데 왜 부를까 하는 표정으로 차 샘을 따라 나선다.

"계수 너 나한테 빚진 거 있지?"

"무슨 빚요?"

"저번에 지각했을 때 애들이 너 우는 거 못 보게 막아 준 거 말이야."

"아하, 그거요? 근데요?"

"근데라니? 넌 빚을 졌는데 뭘 해 줄 거야?"

계수는 뭐 이런 이상한 선생이 있냐는 표정으로 쳐다본다.

"이제까지 있었던 일은 네 잘못이 아니지만 지금부터는 모두 네 책임이야."

계수는 아직 상황 파악이 안 된 듯 눈을 껌벅거린다.

"그게 무슨 말씀이세요? 전 샘한테 해 줄 것이 없는데요."

"난 교실에서 두 명의 계수를 보고 있어. 근데 어느 계수가 진짜인지 모르겠단 말이야."

"두 명의 계수라뇨?"

"오늘처럼 차 샘과 둘이 있을 때는 의젓하고 밝은 계수야. 그런데 친구들과 다투고 화낼 때는 또 다른 계수이지."

"그건 친구들이 계속 시비를 걸고……."

"난 누가 잘 했는지 따지는 것이 아니야. 적어도 차 샘한테 그런 표정으로 변명하지 않았으면 좋겠어."

계수는 조건반사적으로 변명을 하려다 브레이크가 걸렸다. 세상 억울하다는 표정을 짓다가 딱 걸린 것이다. 그 틈을 놓치지 않고 차 샘은 말을 이어 나간다.

"계수는 한 명이지만 계수가 보여 주는 모습에 따라서 차 샘도 다르게 행동해야 해. 좋은 계수에게는 따뜻하게 대하지만 짜증 내고 화만 내는 계수에게는 무서운 차 샘으로 변신해야 하거든."

"선생님도 절 미워해요?"

"내가 널 미워해서 얻는 이득이 있을까?"

계수는 차 샘의 의도를 파악하려고 이른바 간을 보고 있다. 혹시 미워하지 않을까, 차 샘마저 자기를 버리지 않을까 걱정하면서도 미운 짓과 반항을 어디까지 허용해 주는지 행동으로 간을 보는 것이다.

"어떤 모습이 진짜 계수의 모습이야?"

"저도 잘 모르겠어요."

"그럼 차 샘은 널 어떻게 봤으면 좋겠어?"

"좋은 계수로 봐 주셨으면 좋겠어요."

"나도 널 좋은 계수로 보고 싶어."

"그럼 그렇게 계속 봐 주시면 안 되나요?"

"화난 계수를 보여 주고 좋아해 달라고 하면 그게 더 이상하지 않은가?"

계수는 더 이상 대꾸할 말이 없다.

"계수야, 이제 선택해야 해. 어떤 모습을 선택하느냐에 따라 달라져. 네가 달라져야 주위 사람들이 달라지고, 네가 살아갈 세상이 달라져."

"저도 좋은 계수가 되고 싶어요. 근데 자신이 없어요."

"좋은 계수가 되겠다고 선택하는 것 자체가 중요해. 하지만 가끔 몸에 밴 화난 계수가 나올 때도 있겠지. 그땐 차 샘이 도와

줄게. 실수면 인정하고 잘못이면 사과하면 돼. 실수와 잘못이 있어도 좋은 계수가 사라지지 않아. 인정하고 사과하면 말이야."

며칠 싸늘하더니 오늘은 푸른 하늘과 포근한 햇살이 교정의 뒤뜰을 채우고 있다. 벌써 초겨울에 접어들었다. 차 샘과 계수는 어깨를 나란히 하고 말없이 걷는다.

화장실 휴지와 마음의 상처

　학교 청소를 하시는 여사님은 이른 아침부터 누구보다 먼저 출근해서 복도와 현관을 쓸고 닦는다. 같이 일하는 동료가 있는 것이 아니기에 혼자 그 일을 해야 한다. 여사님은 요즘 스트레스 받는 일이 있다. 복도나 현관은 청소해 놓으면 보기에도 깨끗해서 일한 티가 나고, 사람들이 오가며 인사도 해 주고 좋은데, 화장실을 청소할 때면 얼굴이 찌푸려진다.

　미술 수업이 끝난 후 세면대 주변은 온통 물감투성이다. 그뿐인가. 하루만 청소를 안 해도 남자 화장실 소변기 주변엔 지린내가 진동하고, 변기통에는 변을 보고 뒤처리를 하지 않은 잔해물이 그대로 남아 있다. 아이들이 아직 어려서 그런 것이라 생각하

249

다가도 매일 이런 걸 보고 있으려니 속이 터진다.

'선생님들은 이런 것을 지도하지 않고 뭐하나?'

오늘 아침은 더 이상 참기가 힘들다.

화장실 입구엔 공용으로 쓰는 롤 휴지가 있다. 크기도 상당히 커서 용변을 볼 때만 쓴다면 그렇게 많이 없어지지 않을 텐데, 이틀이 채 안 가서 새 것으로 교체해야 한다. 어제는 청소하다가 남자 화장실에서 휴지에 물을 적셔 벽과 천장에 붙이고 노는 아이들을 보고 혼쭐을 냈는데, 오늘은 여자 화장실에서 휴지를 풀어서 발기발기 찢어 놓은 것을 보았다. 특히 6학년은 꼭대기 층이라 올라가 청소하기도 힘든데, 알 만한 여학생들이 한 짓이라 여사님은 더 화가 난다.

"선생님, 제가 할 말이 있습니다."

화장실 청소를 하시던 여사님이 차 샘을 부른다. 차 샘은 긴장한다. 오늘처럼 여사님이 화난 모습을 본 적이 없기 때문이다. 지난주엔 세면대에 팔레트를 씻느라 어질러 놓은 것과 남자 화장실에서 휴지로 장난치는 아이들이 있다는 말을 듣고 교실에 가서 아이들에게 주의를 줬는데 오늘은 또 무슨 일로 그러시는지 궁금하다.

"여학생들이 휴지를 엉망으로 써서 청소하기가 너무 힘들어요."

마침 전담 시간이라 차 샘은 여사님과 함께 여자 화장실 내부를 살핀다. 변기 주변에 어지럽게 널린 화장지 쪼가리들과 뭔가 밟아 놓은 듯한 흔적으로 미루어 아마도 화장실에서 크게 장난을 친 것 같다. 그 모습을 보고 차 샘이 말한다.

　"이런 짓을 하는 아이는 마음에 상처가 있거나 스트레스가 있어요."

　차 샘의 말에 여사님은 놀란다. 그렇다고 격앙된 여사님의 마음이 금세 진정된 것은 아니다. 게다가 지난번에 차 샘은 아이들에게 주의를 주었다고 하지 않았는가.

　차 샘은 말을 이어 간다.

　"이 아이는 자신의 상처와 스트레스를 따로 풀 데가 없어서 화장실에서 푸는 것 같습니다. 의외로 교실에서 눈에 띄지 않는 아이일 수 있습니다."

　차 샘은 여사님이 왜 자신에게 하소연하는지 안다. 힘든 것과 힘든 것을 이야기하는 것은 다르다. 얼마나 힘들었으면 여자 화장실에서 생긴 문제를 여선생님이 아닌 남선생님인 자신에게 이야기했을까.

　"잠시만 기다려 주세요. 이건 아이들에게도 알려야 합니다."

　차 샘은 얼른 교실로 가서 카메라를 가져와 사진을 찍는다.

　"아이고, 괜히 말씀드려서 수업하시는 데 방해가 된 건 아닌가 모르겠어요."

여사님은 이렇게 말하며 자신이 괜히 알려서 번잡스럽게 하는 것은 아닌지 걱정이 된다.

"이런 일을 지도하는 것이 선생인 제 일입니다. 사진을 찍는 것도 지도의 목적이고요. 이런 일을 한 아이는 찾아내서 마음의 상처나 스트레스를 덜어 줘야 합니다. 그래야 비로소 멈추거든요."

차 샘의 말을 들으니 어시님은 이해할 수 없는 행동을 하는 그 이름 모를 아이가 불쌍해진다. 무엇보다 학교 청소 한다고 아이들이 자신을 무시하는 건 아닐까 하는 마음속 깊은 곳에 있는 불안감이 누그러지는 느낌이다. 불안감이 누그러지니 괜히 고자질한 것은 아닌가 부끄럽기도 하다.

"이런 일이 또 생기면 언제든 알려 주세요. 그리고 늘 고맙고 감사합니다."

차 샘은 여사님에게 진심을 다해 인사를 드린다. 교장 선생님이나 교감 선생님을 대할 때보다 더 공손하고 낮은 자세로 머리를 조아린다. 표 나지 않은 곳에서 묵묵히 일하는 수많은 분들 때문에 교실에서 아이들과 그 수많은 푸닥거리를 하며 지낼 수 있다고 생각하기 때문이다.

'엉, 차 샘이 뭐 하는 거지?'

수업 시간에 화장실에 온 수현이는 청소 여사님과 차 샘이 심각한 표정으로 이야기를 나누는 모습을 본다. 평소답지 않은 차 샘의 공손한 모습과 수줍어하는 여사님의 모습이 영 어색해 보인다. 아무렇지 않은 척 조심조심 지나가다 두 사람이 화장실 휴지를 찢은 것에 대해 이야기를 나누는 것을 듣고는 가슴이 철렁 내려앉는다.

'뭐야? 내가 한 거잖아!'

수현이는 친구들과 싸우고 난 뒤 기분이 나빠서 화장실 휴지를 찢었는데 그것 때문에 이 사달이 났다고 생각하니 정신이 멍해진다.

'어쩌지? 내가 했다고 말하고 용서를 빌까? 아니야. 아무도 본 사람이 없으니 모를 거야. 아이, 왜 이렇게 재수가 없지?'

수현이는 화장실에 앉아서 머리를 쥐어뜯다 교실로 돌아간다. 그나마 차 샘이 담임이 아니어서 다행이라 생각하고 이번 일은 아닌 척 시치미를 떼기로 한다.

'이걸 다른 선생님들과 아이들에게 어떻게 알리지?'

여사님과 대화를 마치고 교실에 돌아온 차 샘은 고민에 빠진다. 여사님에게 자신 있게 말은 했는데 아무리 생각해도 누가 했는지 찾을 길이 묘연했기 때문이다.

'이런 일이 있었다고 각 반 담임 선생님들에게 알리고 주의를

주는 것으로 넘어가야겠다.'

오래 생각한다고 해서 묘수가 나오는 것도 아니다. 이번엔 차 샘도 깊이 생각하지 않고 넘기기 수법을 쓰기로 한다.

그날 이후 화장실을 청소하는 여사님의 불만은 사라졌다. 아이들이 화장실을 깨끗하게 써서 그런 것은 아니다. 간혹 물에 적신 휴지가 벽에 붙어 있기도 하고, 휴시가 뜯겨져 바닥에 널브러져 있기도 한다.

"어느 놈이 이런 거야!"

여사님의 얼굴이 부드러워진 이유는 대마왕 차 샘의 포효가 가끔 화장실 주위에서 울려 퍼지기 때문이다. 수현이는 그날 이후 화장실에서 휴지를 뜯어 버리는 일은 하지 않았다.

차 샘과 여사님은 그날 이후 마음이 아픈 아이를 찾을 수 없었다.

앞에 나와 춤을 출 수 있다면
넌 성공한 거야

　수찬이는 공부를 잘하는 아이다. 공부를 잘한다는 건 성적이 좋은 것만을 의미하지 않는다. 수업에 참여하는 좋은 태도는 집중력뿐만 아니라 표정, 몸짓, 동작까지 긍정적으로 변하게 한다.

　남자아이는 덩치가 작으면 관계에서 위축되지만 덩치가 작아도 공부를 잘하면 주눅 드는 경우는 드물다. 공부 잘하는 긍정적인 태도는 좋은 교우 관계로 이어져 사회성 형성에도 도움을 준다. 그런데 덩치가 작은 수찬이에게는 이 법칙이 안 통한다. 태도에 뭔가 이질감이 있다.

　"샘, 이거 해도 되나요?"

　"이거 하지 않으면 어떻게 되나요?"

"샘, 있잖아요……."

수찬이는 수학 문제 풀 때를 제외하곤 앞에 나와서 발표할 때 얼음이 된다. 처음엔 수줍어서 그런 줄 알았는데 쉬는 시간엔 다르다. 그리고 잠시라도 짬이 생기면 차 샘에게 말을 건다. 질문에도 수준이 있다. 6학년인데 1학년의 질문을 한다. 그 질문의 내용도 답을 얻기 위해서가 아니라 차 샘이 어디까지 허용해 주는지 살피거나, 자신이 괜찮은 아이란 걸 차 샘에게 알리기 위해서다.

"어이, 김수찬! 쉬는 시간에 왜 차 샘을 귀찮게 하나. 친구들과 놀아라."

차 샘은 몇 번 받아 주고는 딱 끊어 정리한다.

그러던 어느 날 차 샘은 점심시간에 운동장 조회대 위에서 이상한 낌새를 발견하고 다가간다.

"어이 수찬이, 너희 집 잘산다면서? 그래서 매년 유럽 여행을 간다더니 실제로는 제주도도 안 가 봤다면서?"

"야야, 말도 마라. 재는 입만 열면 뻥이야, 뻥쟁이지. 야, 이 뻥쟁이야!"

"공부 좀 잘한다고 으스대는 거 봤지. 미친 또라이 새끼."

6학년만 놀 수 있다는 운동장 조회대 위에는 장난기 심한 다른 아이들 틈에 끼어 곤욕을 치르고 있는 수찬이가 보인다.

"쳇, 너희가 뭐라고 떠들든 상관없어. 맘대로들 해라."

아이들의 온갖 조롱이 오가는 와중에도 수찬이는 귀찮은 것인지 체념한 것인지 알 수 없는 묘한 표정을 지으며 다른 아이들과 시선을 마주치지도 않고 난간에 기대서서 혼잣말을 내뱉는다.

"너희 뭐 하는 짓이야!"

차 샘이 목소리를 높인다. 차 샘이 오는 줄 몰랐던 아이들이 소스라치게 놀란다.

"수찬이가 무슨 짓을 했는지 모르겠지만, 방금 너희가 한 말을 듣고 그냥 넘어갈 수가 없네."

차 샘은 대마왕으로 변신해서 아이들에게 불꽃 잔소리를 퍼붓는다.

"너희보다 덩치도 작고 약한 아이를 무리 지어 괴롭힌다면, 너희보다 힘센 차 샘이 같은 방법으로 괴롭혀 주겠다. 수찬이 넌 차 샘과 이야기를 좀 해야 하니 여기 남고 나머지는 들어가거라."

잔소리 샤워를 흠씬 들은 아이들은 머리를 절레절레 흔들며 교실로 들어가고, 수찬이는 차 샘과 운동장을 산책한다. 차 샘이 먼저 묻는다.

"쟤들이 왜 널 괴롭혀?"

"별것 아니에요."

수찬이는 어깨를 한 번 으쓱하더니 대답한다.

"별것 아니라면 아까처럼 네가 곤경을 겪어도 못 본 척하란 말이냐?"

수찬이는 걸음을 멈추고 차 샘을 빤히 쳐다본다.

"근데 아까는 왜 절 구해 주셨어요? 절 별로 좋아하지도 않잖
아요."

"왜 그렇게 생각해?"

"쉬는 시간에 제가 뭘 물어도 퉁명스럽게 말씀하시고……."

"내가 널 미워할 이유가 없지. 난 수찬이가 공부 시간에 발표
를 했으면 좋겠는데."

"저 공부 잘해요. 5학년 때도 과학 한 문제 빼고 다 맞았어요.
그거 안 틀렸으면 올 백인데."

"성적을 말하는 게 아니야. 이번 진단 평가에서 만점 받은 학
생은 너뿐이야."

"수업 시간에 발표만 하면 되나요?"

"문제의 핵심이 수업 중에 하는 발표가 아니란 걸 알 텐데?"

"그럼 뭐예요?"

"수업 시간에 나와서 춤춰."

"그게 뭐예요?"

수찬이는 눈을 동그랗게 뜨며 되묻는다.

"묻지도 따지지도 말고 수업 시간에 춤출 용기가 있으면 모든
것은 해결된다."

대마왕 차 샘과 못 말리는 귀염둥이들

멍하게 쳐다보는 수찬이를 뒤로하고 차 샘은 교실로 돌아온다.

어느덧 봄과 여름이 지났다. 시간이 흐르는 만큼 수찬이도 조금씩 변해 갔다.

오늘도 차 샘과 수찬이는 대화를 나눈다.

"왜 그렇게 생각해?"

"원래 그렇게 해야 하는 거 아니에요?"

"규칙을 어긴 아이들에게 모두 벌을 준다고 해서 행동이 바뀔까?"

"그럼 어떻게 해야 하나요?"

"지키기 어려운 규칙이라면 왜 그런지 먼저 생각해 보고 없애거나 바꾸는 방법을 생각해 보는 건 어때?"

수찬이는 정해진 답이 아닌 것을 선택하기 어려워했다. 틀리면 안 된다고 생각했다. 하다가 흐트러지면 수정해서 다시 하는 것보다 포기하곤 했다. 그동안 시험을 잘 치렀기에 표 나지 않았지만, 친구와 사귀거나 어른을 대할 때 이질감이 있었던 건 바로 이 부분이었다.

"넌 생각이 너무 많아. 문제를 해결하기 위해서 하는 생각은 좋은 것이지만, 넌 실패하면 어쩌나 하는 걱정을 생각이라고 여겨. 그러니 걱정을 좀 줄이고 행동을 먼저 해 봐."

답이 딱 떨어지는 수학 문제와 달리 자기의 느낌을 표현하는 미술 시간이면 흰 종이에 점 하나 찍어 놓고 고민하는 수찬이에게 차 샘은 지나가며 무심히 한마디 한다.

"그러다 틀리면 어떻게 해요?"

수찬이의 말에 차 샘이 뒤돌아선다.

"이 녀석아, 뭘 고민해? 새로 하면 되지. 실수하면 더 가져다 하라고 도화지 저기 많이 쌓여 있잖아. 니 하고 싶은 대로 해 봐."

씨익 웃는 차 샘을 보고 수찬이는 묘한 표정을 짓는다. 고맙기도 하고 부끄럽기도 하다.

"어이 수찬이, 차 샘한테 고맙다고 안 하나?"

차 샘의 말에 수찬이가 떨떠름하게 대답한다.

"네네, 고맙습니다."

"고마우면 차 샘에게 뭘 해 줄 테냐?"

"뭘 해 줘요?"

"기념으로 앞에 나가 춤 한번 춰 보지? 음악은 내가 골라 줄게."

"차 샘은 정말 사악한 대마왕이에요."

자신을 들었다 놨다 하는 차 샘을 바라보며 수찬이는 이를 앙다무는 시늉을 하며 종주먹을 쥔다.

그렇게 또 시간은 지나서 학예회가 다가왔다. 아이들은 춤, 노래, 연극 연습에 여념이 없다. 특히 아이돌 댄스는 너나없이 연습

할 때 따라 해 본다.

"차 샘보다 못하면 쪽팔린 거야."

무대 위에서 연습하는 아이들 앞에서 차 샘이 뒤뚱거리며 따라 한다. 다른 귀염둥이들도 키득거리며 따라 한다.

"수찬아, 너도 나랑 같이 춤추자."

차 샘이 말한다. 그러고는 수찬이의 손목을 잡아끈다. 수찬이는 못 이기는 척 고개를 푹 숙인 채 따라 나오더니 막춤을 추기 시작한다. 차 샘도, 무대 위 아이들도 수찬이를 따라 막춤을 춘다. 교실에 막춤 잔치가 벌어진다.

"올 한 해 많은 일이 있었지만, 눈빛이 가장 많이 변한 친구가 있어. 그게 누구인지 아니?"

찬바람이 부는 겨울 어느 날, 차 샘이 수업을 하다 말고 던진 이 한마디가 작은 파장을 일으킨다. 그 순간 모든 귀염둥이들의 눈이 초롱초롱해진다.

"수찬이가 가장 많이 변했어."

혼자 고개를 숙이고 있던 수찬이는 차 샘의 말에 놀라서 고개를 든다.

"오~!"

아이들은 부정하지 않는다는 듯이 수찬이를 쳐다본다. 겸연

쩍은 듯 머리를 긁적이던 수찬이는 금세 얼굴이 홍당무처럼 발갛게 상기된다.

그날 오후 수찬이는 집에 가다 말고 교실로 돌아왔다. 그러고는 툭 한마디 던진다.

"제가 차 샘을 만난 건 행운인 것 같아요."

"그렇게 생각해 주니 고맙구나. 나도 하나 물어보고 싶은 게 있어."

"뭔데요?"

"교실에서 춤추면 네 인생이 달라질 거라는 제안 기억하니?"

"네, 기억나요. 지금은 언제라도 출 수 있어요."

"맞아. 그건 연기하는 것과 같아. 춤이 필요하다면 추는 거지. 잘 추든 못 추든 상관없어."

"선생님을 잊지 못할 거예요."

"고맙긴 하다만 잊어야 해."

차 샘은 씨익 웃으며 말한다.

"왜 그래야 하나요?"

"중학교 가선 중학교 샘을 볼 때 차 샘 대하듯 하고, 고등학교 가서도 마찬가지로 지금처럼 해."

"차 샘은 절 잊으실 건가요?"

"작년의 아이들은 잊었어. 그래야 지금 수찬이 같은 아이들에

대마왕 차 샘과 못 말리는 귀염둥이들

게 집중하니까. 그게 샘이 해야 할 일이야."

"그래도 전 잊지 않을 거예요. 성공해서 꼭 찾아올게요."

"그래? 성공해서 찾아오지 말고 직장을 가지면 찾아오도록 해라."

"엥?"

"그래야 너에게 맛있는 거 얻어먹지. 세상에 공짜는 없으니까 말이다. 그때까지 기억하고 찾아온다면 나도 반갑게 맞아 줄게."

"걱정 마세요. 꼭 찾아와서 맛있는 거 사 드릴게요. 악독하지만 고마웠던 샘이라고 그때 가르칠 아이들에게도 꼭 말해 줄게요."

그렇게 말하고 수찬이는 가방을 고쳐 메고 꾸벅 인사를 한다. 어느덧 짧아진 겨울 해는 서쪽 언덕에 걸터앉아 있고 차 샘은 상념에 빠진다.

'보자, 10년 전에 동석이도 똑같은 말을 했는데 아직 소식이 없네. 취직 안 했나?'

차 샘은 아쉬운지 손가락을 꼽아 보며 지난날을 추억한다.

왜 초등학교 선생님이
되려고 해?

"전 미래에 초등학교 선생님이 될 겁니다."

은영이는 초등학교 선생님이 꿈이다. 유치원 때부터 장래 희망을 발표할 때면 멋진 선생님이 되어 아이를 잘 돌보고 가르치는 상상을 펼쳤다.

그런데 6학년이 되어 차 샘을 만나고 나서부터 뭔가가 달라졌다. 이제껏 만난 선생님들은 은영이의 학교생활에 칭찬을 아끼지 않았다. 매사에 적극적이고, 누구보다 열심히 공부하며, 친구들에게 모범을 보이는 은영이.

'은영이를 따라 해 봐.'

'은영이가 시범을 보여 줘.'

대마왕 차 샘과 못 말리는 귀염둥이들

'은영이가 발표해 볼래?'

선생님들의 이런 부탁(?) 같은 지시를 받으면 들뜨고 설렜다. 선생님들의 기대에 어긋나지 않게 은영이는 멋진 시범과 발표를 했고 그때마다 받는 칭찬은 덤이었다. 또한 애써 찾지 않아도 주위에는 자신을 부러워하고 인정해 주는 친구들이 모여들어서 학교생활은 늘 만족스럽고 행복했다.

그런데 차 샘은 달랐다.

"왜 그렇게 생각해?"

차 샘의 이런 질문을 받으면 은영이는 가슴이 꽉 막히는 것 같았다. 정답을 말하면 해답에 이르기까지의 과정을 묻고, 과정을 말하면 은영이가 미처 생각하지 못한 다른 과정에 대해서 말한다. 답이지만 답이 아닐 수 있고, 답이 아니라고 생각했지만 다르게 생각해 보면 답이 될 수 있다는 사실을 받아들일 수 없다.

'왜 그렇게 생각해야 하지?'

'답은 이거면 충분한데 내 대답에 트집을 잡으시나?'

처음에 은영이는 차 샘의 태도에 오해를 했다. 하지만 1년 가까이 지내다 보니 차 샘의 문답법에 어느 정도 익숙해졌다. 그렇다고 해서 서운한 감정까지 사라진 건 아니었다. 공부를 잘하는 것보다 눈에 띄지 않는 사소한 것을 칭찬하는 차 샘을 볼 때면 더 그랬다.

"수찬이는 요즘 지각을 좀체 안 하고 학교에 일찍 오더라."

"해중이는 욕하는 것이 많이 줄었어."

"용근이는 정말 열심히 청소한단다."

용근이가 청소를 잘한다는 칭찬이 은영이 자신이 1년 내내 차 샘에게 받은 칭찬보다 더 크게 느껴졌다. 그렇다고 차 샘이 미운 건 아니었다.

"뭘 그렇게 많이 하려고 해? 지킬 것이 아니라면 할 수 있는 것만 해도 괜찮아."

여름 방학을 앞두고 방학 계획표를 만들 때 수경이와 대화하는 차 샘을 보고 그동안의 오해를 많이 풀었다. 은영이 역시 수경이 못지않게 빼곡하게 방학 계획을 짰다.

"은영이는 방학 때 실컷 놀아. 평소에도 그렇게 열심히 공부하는데 방학 땐 푹 쉬어야지. 그래야 방학 끝나고 더 잘할 수 있어."

지금까지 차 샘이 한 말 중에 가장 인상 깊었다. 왠지 후련한 느낌마저 들었다.

'차 샘은 어떻게 저런 말을 아무렇지도 않게 할 수 있을까?'

그날 이후 은영이는 차 샘을 다른 각도에서 관찰해 보기로 했다. 앞으로 선생님이 되는 데 도움이 될 거라고 생각했기 때문이다.

차 샘을 눈여겨보니 평소에 보이지 않던 모습이 보였다. 차 샘은 성적보다는 태도에 집중했다. 물론 그런 차 샘의 의도를 다 알게 된 것은 아니지만, 그 모습이 매우 인상적으로 다가왔다. 또한 학급 규칙을 정할 때도 아이들 스스로 정하게 했다. 다만, 아이들이 방향을 잘 잡지 못할 때는 한마디씩 했다.

"지킬 수 없거나 지키기 어려운 규칙을 정하면 그 규칙이 너희를 힘들게 할 것이다."

"규칙은 지키는 것도 중요하지만 왜 지켜야 하는지 합의를 하는 것이 더 중요하다."

"너희들이 정한 규칙은 차 샘도 지킨다."

학급 회의를 몇 번 했지만, 그때마다 규칙을 지키지 않는 아이들이 있고, 그런 아이들을 비난하는 아이들이 있었다. 그로 인해 아이들 사이에 격한 말싸움이 오가기도 했다. 그러나 차 샘은 별말 않고 지켜보았다.

'왜 말리지 않으실까?'

은영이는 의아했다. 만약 자신이 선생님이라면 규칙이나 약속을 지키지 않으면서 변명하고 지적하는 아이를 비난하는 아이를 혼내 줄 것이다. 최소한 다툼이 벌어지면 말리고 시시비비를 가릴 것이다. 하지만 차 샘은 끝까지 싸우도록 내버려 두었다.

"욕을 하지 않고, 주먹질을 하지 않는다면 무엇이든 해도 된다. 대신 자기가 한 말에 책임은 져야 해."

회의 진행이 안 될 수준이 되어서야 차 샘이 개입했다. 그러고는 다시 심드렁한 얼굴로 자리에 앉아 지켜보았다. 신기한 건 학급 회의를 진행할수록 조금씩 나아졌다. 규칙이 많으면 지키기 어렵다는 걸 깨달은 아이들은 꼭 지켜야 할 규칙을 찾기 시작했다.

10월쯤 되자 교실은 안정을 찾았다. 규칙에 딱딱 맞게 지내는 것은 아니었지만 물이 흘러가는 것 같은 자연스러움과 여유가 교실에 스며들기 시작했다.

그동안 은영이는 차 샘이 구체적으로 뭘 하는지 관찰하려 했지만 뾰족하게 드러나는 뭔가를 발견하기 어려웠다. 차 샘은 어떨 때는 교실 구석에서 남자아이들과 이야기할 때도 있었고, 어떨 때는 교실에 남은 아이와, 식당에서는 앞에 앉은 아이와, 심지어는 청소할 때도 누군가와 이야기를 나누었다.

국어 수업 시간. 교실 안은 역할 놀이 연습이 한창이다. 물 만난 고기들처럼 귀염둥이들은 놀이인지 연습인지 분간이 안 갈 정도로 시끄럽게 떠들어 댄다. 연습을 다 마친 은영이네 모둠은 정리하고 자리에 앉아 발표 순번을 몇 번으로 할 건지 의논한다. 그때 교탁 옆에 있는 탁자에 비스듬히 걸터앉아 아이들의 활동을 바라보던 차 샘이 은영이를 손짓해서 부른다.

'헉, 무슨 일이지?'

은영이는 차 샘에게로 다가간다.

"연습은 다 했니?"

"그럼요. 다 짰어요. 모둠 친구들이 협력해서 금방 했어요."

은영이는 오랜만에 자기를 따로 불러 이야기를 하는 차 샘이 반갑다. 은영이는 짐짓 자기가 모둠장이란 사실은 빼고 모둠원 칭찬을 한다. 물론 은영이의 주도로 대본도 짜고, 연기하는 것도 도왔지만 이런 거 자랑해 봤자 차 샘에겐 국물도 없다는 사실은 경험으로 알고 있다.

"그럼 그렇지. 역시 은영이네 모둠은 늘 기본 이상 잘 하는구나."

'차 샘이 칭찬을 다 하다니, 해가 서쪽에서 뜰 일이다.'

은영이는 생각한다.

"근데 은영아, 하나 물어봐도 돼?"

"뭔데요?"

"아직도 장래 희망이 초등학교 선생님이야?"

"그럼요. 전 꼭 초등학교 선생님이 될 거예요."

"초등학교 선생님 하기가 쉽지 않을 텐데."

"저 공부 잘해요. 차 샘도 아시잖아요."

"은영이 공부 잘하는 거야 알지. 하지만 초등학교 선생님이 되는 것이 아니라 하는 것이 어렵다는 뜻이야."

"전 친구들에게 공부 도와주는 것은 자신 있어요. 재미있기도 하고요."

"공부를 잘하는 것보다 도와주는 게 자신 있다니 반갑구나. 하지만 그것만으로는 부족한데."

"뭘 더 해야 하는데요?"

은영이는 이해할 수 없다. 공부를 잘해서 초등학교 선생님이 되고, 공부를 잘 가르쳐 주는 능력이 있다면 훌륭한 선생님이 될 거라 여겼는데 더 필요한 것이 있다니 이해가 안 된다.

"초등학교 선생님이 되려면 말이야, 꼭 해야 할 것이 있이. 이리 와 볼래?"

아이들을 등지고 있던 은영이는 차 샘 곁으로 와서 어깨를 나란히 하고 교실을 바라본다.

은영이 어깨에 손을 얹은 차 샘이 다정한 목소리로 말한다.

"저기 연습이랍시고 놀고 있는 용만이 보이지? 저긴 매번 짜증 내고 자기 멋대로 하려고 하는 수찬이와 성식이도 보일 거야. 저기 계수, 준성이, 용근이, 도원이도 보이지? 저 아이들이 귀엽게 보이니?"

교실을 보던 은영이는 고개를 돌려 차 샘을 쳐다본다.

"아니요. 귀엽다니요? 매번 장난치고, 삐지고, 싸우고, 말도 얼마나 험하게 하는데요. 제멋대로 하잖아요!"

평소 이런 아이들을 관대하게 대하는 차 샘의 모습을 이해할 수 없었던 은영이는 목소리가 점점 높아진다.

대마왕 차 샘과 못 말리는 귀염둥이들

"그럼 은영이는 선생님 하면 안 되겠다."

갑자기 선생님 자질이 없다는 말에 은영이는 말문이 막힌다.

'뭐야? 또 당한 거야?'

은영이는 얼굴이 붉어지려는 것을 간신히 누르고 차 샘의 다음 말을 기다린다.

"공부 잘하는 아이만 가르치는 게 선생님의 할 일은 아니야. 장난치고 짜증 내는 아이도 귀여워해야 해."

"그런 아이들은 혼내야죠. 바르게 행동할 수 있도록 버릇을 고쳐야 해요."

은영이의 말에 고개를 살짝 갸웃거리며 알 듯 모를 듯한 미소 짓던 차 샘이 말을 잇는다.

"혼내면 행동이 달라지니?"

"혼나는 줄 알면 멈추겠죠."

"혼이 나고도 행동이 달라지지 않으면?"

"더 혼을 내야죠."

"그럼 말을 듣지 않는 아이는 얼마나 혼내야 할까?"

"그건…… 저도 모르겠어요. 근데 차 샘, 아이들이 말을 안 들으면 속상하지 않으세요?"

은영이는 말장난 같은 차 샘의 말에 당할 수 없다는 듯 반격한다.

"나도 그런 아이들은 미워."

"봐요, 차 샘도 그런 아이들이 밉잖아요. 근데 귀엽게 보라니요? 그게 말이 되나요?"

처음으로 차 샘의 말꼬리를 잡은 은영이는 자기도 모르게 목소리가 커진다.

"더는 미워하지 않으려고 귀엽게 보려고 해."

은영이는 할 말을 잃는다.

"장난꾸러기도, 짜증쟁이도 그런가 보다 하고 귀엽게 봐 줄 수 있어야 초등학교 선생님을 할 수 있어. 속에선 천불이 나고, 못된 짓 하는 거 보면 미워도 더 미워하지 않으려고 마음을 다스려야 해. 그게 초등학교 선생님이 진짜 해야 할 일이야!"

은영이는 망치로 머리를 맞은 기분이다.

며칠 뒤 은영이는 방과 후 수업을 마치고 가는 길에 일부러 교실 앞 복도를 지나갔다. 힐끗 교실 안을 보니 차 샘이 한 아이와 이야기를 하고 있다.

'아~ 초등학교 선생님을 해야 하나?'

은영이는 다시 마음이 무거워진다. 그날 차 샘이 해 준 마지막 말이 떠올라 또다시 마음이 흔들린다.

"초등학교 선생님으로 성공한다면 무슨 일을 하더라도 성공할 수 있을 거야."

졸업식이 끝난
텅 빈 운동장에서

'내일이면 이 지긋지긋한 초등학교도 끝이다.'

'내일이면 정든 학교를 떠나야 하는구나.'

'내일 졸업식 마치고 뭐 하고 놀지?'

졸업식을 하루 앞둔 2월 어느 날의 소란스러움은 6학년 대마왕 반이라고 비켜 가지 않는다. 수업은 하는 둥 마는 둥 마음은 이미 학교를 떠난 아이와 느슨해진 학교생활을 핑계로 놀기 바쁜 아이와 가끔 초등학교를 떠난다는 사실에 마음이 애틋해지는 아이가 공존하는 시기가 2월이다.

하지만 대마왕 차 샘은 2월이라고 해서 별반 다르지 않다. 으레 학년말이면 하는 이별 의식 같은 수업도 하지 않는다.

'왜 우리 반은 추억 만들기 수업을 하지 않을까?'

수경이는 의아하다.

미운 정 고운 정이 들었는지, 차 샘과 수업했던 기억을 되돌려 보면 시간이 후다닥 가 버린 느낌이다. 그동안 있었던 일들을 모아 타임캡슐을 만들거나, 추억하는 뭔가를 해 보면 좋을 것 같은데 차 샘은 아랑곳하지 않고 수업을 한다.

"왜 그렇게 생각해?"

"그것 말고 다른 것은 없니?"

이 두 마디로 아이들을 들었다 놨다 하는 차 샘의 말발은 아무리 적응하려고 해도 익숙해지지 않는다. 하지만 차 샘의 화법을 요긴하게 써먹은 적은 있다. 언젠가 수경이가 "엄마는 왜 그렇게 생각해?"라고 되물었을 때 아무 말 못 하고 꿀 먹은 벙어리처럼 당혹스러워하던 엄마의 얼굴을 보며 내심 뿌듯하고 고소한 생각마저 들었다.

"그래도 차 샘 사용 설명서는 했잖아."

졸업을 앞두고 수경이가 은영이와 수다를 떨다가 추억 만들기에 대한 아쉬움을 말하자, 은영이가 차 샘 사용 설명서 이야기를 꺼낸다.

"하긴 차 샘이 보통 덩치와 얼굴이냐! 처음에는 얼마나 무서웠다고. 지나고 보면 왜 그렇게 무서워했는지 모르겠어."

은영이는 말은 이렇게 하고 정작 차 샘 사용 설명서에는 '말 대꾸하지 마라' '차 샘에게 덤비지 마라' '말싸움하면 절대 못 이 긴다' '금붕어 기억력을 이용해서 빠져나가라'라는 등 평소에 하 지 못했던 온갖 기술과 당부(?)를 담아 머리에 뿔 달린 악마 샘으 로 그려 놓았다.

졸업식 날 저녁 수경이와 은영이를 비롯한 여학생들 몇이 모 여 파자마 파티를 하기로 의기투합한다.

"차 샘이 대단하고 위대한 선생님인 이유는 첫째 졸업하는 마 지막 날까지 수업을 하는 것이고, 둘째 수업 시간에 집중하지 않 는 귀염둥이에게 잔소리하는 것이며, 셋째 마지막까지 그 잔소리 를 귀에서 피가 날 때까지 찰지게 하는 것이지."

헐렁하게 나사가 빠져 있던 귀염둥이들에게 차 샘은 정신이 번쩍 들 말을 아무렇지도 않게 한다. 예전과 다른 것이 있다면 정 색하고 말하는 것인지, 미소 지으며 말하는 것인지 귀염둥이들이 구분한다는 것이다. 물론 그 미소는 사악하기 그지없는 대마왕의 미소라는 것은 변함이 없다. 자기가 걸리면 지옥 구경, 남이 걸리 면 재미난 불구경과 같은 대마왕의 샤우팅은 졸업식을 앞둔 마지 막 시간까지 불을 뿜는다.

"내일 뭐 할 거야?"

"졸업식 마치고 맛있는 거 먹으러 간대."

"그럼 오후엔 PC방 갈래?"

"야, 우리도 끼워 줘."

졸업식을 마치고 해중이와 성수는 놀러 갈 궁리를 하고, 옆에서 듣고 있던 용근이와 계수, 준성이도 함께 가고 싶어 한다. 마침 차 샘이 졸업식 준비를 하느라 잠시 연구실에 간 사이 다른 남학생들까지 뭉쳐서 졸업식 뒤풀이 파티 준비로 시끌벅적하다.

"졸업한다고 할머니하고 친척들이 용돈을 듬뿍 주셔서 주머니가 빵빵하다니까."

"중학교 입학할 때까지 신나게 놀아 보자."

학원 뺑뺑이를 해야 하는 몇몇 아이들은 중학교 입학 전까지 놀 계획을 짜고 있는 녀석들을 보며 부러움이 가득한 얼굴이다.

드디어 올 것 같지 않던 졸업식 날이 되었다. 2월 내내 나사가 한껏 풀려 있던 6학년이지만, 졸업식 날만큼은 정신을 차린다. 졸업장도 받고, 후배들의 배웅도 받으며 식은 끝났다. 교실에서 마지막으로 차 샘과 인사를 나눈다.

"오늘 졸업하는 친구들은 빨리 식이 끝나길 바랄 겁니다. 차 샘과 한 명씩 마지막 인사를 하고 헤어지도록 합시다. 부모님들 다 들어오세요."

교실 안과 복도에는 차 샘과 아이들의 마지막 종례 모습을 지켜보려고 많은 부모님들이 와 있다. 차 샘은 아이들에게 성적표와 졸업 앨범, 그리고 졸업 선물 등을 전달하며 사진을 찍는다.

"선생님과 마지막 인사는 포옹을 해도 되고, 악수를 해도 됩니다. 대신 여러분이 선택하세요. 나오면서 손가락으로 표시를 해 주세요. 포옹은 1번, 악수는 2번."

차 샘이 말한다. 아이들은 한 명씩 교탁 앞으로 나와 손가락 표시를 한다. 포옹하는 아이, 악수하는 아이, 으스러지게 안고 가는 아이도 있고, 수줍어 악수도 살짝 하는 아이도 있다.

"그동안 수고했어. 중학교 가서도 잘 지내."

차 샘은 아이들에게 마지막으로 이렇게 말하고, 각각 부모님이 있는 곳으로 몸을 돌려 사진을 찍는다. 덩치 큰 차 샘은 몸을 엉거주춤 구부려 아이와 얼굴을 맞춘다. 아이의 얼굴이 작고 하얗게 나오도록 크고 시커먼 얼굴을 옆에 들이대는 센스도 잊지 않는다.

그렇게 아이들은 교실을 빠져나간다. 왁자하던 교실이 순식간에 텅 빈다. 아이들이 떠나고 난 텅 빈 교실에서 차 샘은 운동장을 물끄러미 바라본다. 그동안 있었던 일들이 파노라마처럼 스친다. 좋았던 일, 힘들었던 일을 생각하니 어느새 눈시울이 붉어진다. 그때 등 뒤에서 말소리가 들린다.

"선생님, 그동안 고마웠어요. 아까 인사할 때 이 말을 전하지 못해서 마음에 걸렸어요."

수경이다. 수경이는 졸업식을 마치고 집으로 돌아가다 문득 차 샘에게 인사를 하고 싶어서 교실에 다시 들렀다. 오늘이 마지막 날이란 사실이 현실로 다가와 아쉽다는 수경이의 말에 차 샘은 눈을 마주치지 못하고 먼 산을 힐끔거린다.

'설마 수경이가 본 건 아니겠지?'

차 샘은 자신이 눈물을 흘리는 모습을 수경이가 본 것은 아닌지 걱정스럽다.

'설마 차 샘이? 에이, 그럴 리가? 내가 잘못 봤겠지.'

마지막 마음의 숙제를 마친 수경이는 울적한 기분으로 교실을 나온다. 그러나 저녁에 있을 친구들과의 파자마 파티를 생각하니 금세 기분이 좋아진다.

"올 한 해 정말 짜릿하고 재미있지 않았어?"

수경이네 집에 모인 여학생들은 파자마로 갈아입고 신나게 수다를 떤다. 지난 추억을 떠올리며 즐거움에 빠져 있던 아이들은 앞으로 다가올 중학교에 관한 이야기로 넘어가자 마음이 무거워진다. 초등학교에선 최고 학년이었는데 갑자기 바뀐 환경과 공부를 더 해야 한다는 생각을 친구들과 나누다 보면 답답하다. 부모님들도 이제 중학생이 된다고 은근 신경을 안 쓰는 것이 역력하다. 이것저것 챙겨 주던 걸 간섭이라 여겨 귀찮아했는데 정작 그런 챙김이 사라지자 섭섭한 마음이 든다. 거기다 이전보다 부쩍 공부와 성적에 더 관심을 가지는 부모님을 보며 중학교 생활이 쉽지 않겠다고 여긴다.

"우리, 학교에 한번 가 볼래?"

저녁을 먹고 이불을 뒤집어쓰고 뒹굴거리다가 수다거리가 떨어질 때쯤 은영이가 불쑥 제안한다.

"그래, 소화도 시키고 할 것도 없는데 가 보자."

아이들은 재빨리 옷을 갈아입고 학교로 향한다. 저녁에 학교에 다시 와 보긴 처음이다. 둥근 달이 두둥실 떠올라 휑한 운동장을 비추고 있다. 아이들은 아무도 없는 운동장을 소리를 지르며 뛰고 그네도 타다가 정글짐 위에 올라가 학교를 바라본다. 바로 오늘 낮까지 다녔던 학교가 낯설어 보인다. 모두 아무 말 없이 운동장과 교실을 우두커니 바라본다.

"내일부턴 여기 못 오는구나."

수경이가 침묵을 깨고 입을 뗀다. 아이들은 왠지 모를 허전함과 아쉬움으로 고개를 떨구고 옅은 한숨을 쉰다.

"차 샘은 지금 뭐 하실까?"

"뭐 하긴 뭐 해. 아마 우릴 잊어버리고 신나게 노실 거야."

"맞아. 내년에 새로 만날 귀염둥이들에게 집중할 거라면서 우리를 기억에서 싹 지울 거라고 하셨잖아."

정글짐에 쪼르르 앉은 아이들은 입으로는 차 샘의 뒷담화를 하면서도 표정에는 아쉬움이 역력하다.

'이렇게 끝날 줄 알았으면 그때 좀 더 잘할걸.'

아이들은 생각한다.

그때 수경이가 졸업식을 마치고 차 샘에게 따로 인사를 했던 일을 말한다. 그리고 눈물을 훔치던 차 샘의 모습도.

"설마, 차 샘이? 수경이 네가 잘못 본 걸 거야."

그렇게 말하면서도 아이들의 표정에는 안도감이 서린다.

"20년 뒤에 찾아오면 진짜 제자로 받아 준다고 했던 차 샘 말 기억나지? 우리 차 샘한테 그날 꼭 간다고 문자를 보내는 건 어때?"

지선이의 제안에 모두 좋아하며 휴대 전화를 꺼내 문자를 보낸다.

툭툭툭…….

아무 말 없이, 오랫동안 아이들은 문자를 써 내려간다. 처음엔 재미로 보내려던 문자였는데 한 자 한 자 채워 가다 보니 마음이 이상해진다. 심술궂은 차 샘이, 짓궂은 차 샘이, 사악한 차 샘이 왠지 그립다. 다신 못 볼 것이라 생각하니 아쉬움은 슬픔으로 변한다.

"너도 보냈어?"

수경이의 물음에 은영이는 고개를 끄덕인다.

다른 아이들도 모두 문자를 보냈다. 무슨 내용을 썼는지 굳이 알려 하지 않는다. 내용을 보지 않아도 알 것 같기 때문이다. 아이들은 차 샘과 지냈던 각자의 추억을 문자로 보내고 마음에 새긴다.

"어머, 쟤들은 뭐니?"

은영이의 손짓에 아이들은 교문을 쳐다본다. 한 무리의 남학생들이 운동장으로 온다.

"용근이, 준성이, 계수……. 다 우리 반 애들이네."

"설마 쟤들도 우리랑 같은 이유로 여기 온 거야?"

아직 여학생들이 정글짐 위에 있는 것을 발견하지 못한 남학생들은 운동장과 교실을 물끄러미 쳐다보고 있다. 그러다 휴대전화를 꺼내 뭔가를 보낸다. 그렇게 졸업식 날 저녁 텅 빈 운동장에 아이들이 모였다.

달은 점점 하늘 위로 떠올라 휘영청 밝은 빛이 온 운동장을 비춘다.

부모의 간섭에서 아이가
살아남게 돕는 법

차 샘 사용 설명서

부모의 간섭 때문에 아이가 힘들어한다면 피하지 않도록 도와주어야 한다. 교사는 아이에게 부모의 입장을 대변해 줄 필요가 있다.

"너는 간섭이라고 생각하겠지만 부모님은 걱정과 사랑이라고 생각할 거야."

이 지점이 중요하다. 아이가 자신의 처지에서 간섭의 부당함을 말할 때 충분히 다 들어주는 것이 좋다. 공감해 주되, 이후에 어떤 선택을 할 것인지 방향을 틀어 주는 것이다.

"그동안 힘들었겠구나. 이걸 부모님에게 말해 본 적은 있니?"

대부분의 아이들은 여기에서 갈등한다. 그리고 교사에게 고통을 호소하고 위로 받는 것에서 멈추려고 한다. 필요한 과정이긴 하지만 여기서 멈추면 아이는 교사를 '감정의 쓰레기통'으로 대할 가능성도 있다.

"부모님이 가장 걱정하는 부분을 먼저 말해 보는 건 어때?"

아이 편에 선 어른으로서 교사는 부모의 생각과 감정을 전달해 주는 것도 좋다.

"엄마, 요즘 내가 게임을 너무 많이 해서 속상하시죠?"

"아빠, 제가 요즘 짜증을 많이 내서 서운하시죠?"

부모와 갈등하는 가장 중요한 부분을 먼저 털어놓을 수 있도록 선택의 기회를 준다. 아이에게 먼저 대화의 방법을 알려 주고 시작할 수 있는 용기를 주는 것이 교사가 할 수 있는 최선의 방법이다.

"부모님의 입장에서 걱정하는 걸 먼저 말해 보면 오히려 부모님의 잔소리가 줄어들어. 속으로 대견하게 생각하실 거야."

"널 마냥 어리게만 보지 않는 기회가 될 거야. 그래도 안 되면 선생님이 부모님과 상담을 해 볼게. 용기를 내."

최종 선택은 아이가 하도록 하고 곁에서 도움을 주는 어른으로서 교사의 역할을 하다 보면 어지간한 갈등은 해소될 것이다.

착한 아이가 다 좋은 것은 아니다

착한 것이 마냥 좋은 것은 아니다. 특히 가치 판단의 기준을 부모나 친구에 두고 있는 아이라면 더욱 그렇다.

자신이 원하는 것보다 부모나 친구가 원하는 걸 우선순위에 두면서 말 잘 듣는 착한 아이라는 보호막 속에 머무는 아이가 있다. 착하게 살아야 한다고 생각하는 그 아이는 마음속에서 우러나오는 선한 행동과 남에게 보여 주기 위한 착한 행동의 차이를 구분하지 못한다.

그러나 평소에 이렇게 착한 행동을 흉내 내는 아이를 발견하기는 쉽지 않다. 설령 발견하더라도 즉각 바로잡아 주기도 어렵다. 행동 자체가 타인에게 불쾌감을 주는 것이 아니기 때문이다. 자칫 함부로 지적하면 자신의 행동이 부정당했다는 생각에 마음이 더욱 움츠러들 수도 있다.

이때는 조심스러운 접근이 필요한데, 먼저 원칙을 세우는 것이 좋다.

"그렇게(매번 착하게) 하는(지내는) 것이 불편하지 않아?"

착한 행동을 흉내 내는 아이는 칭찬 받고 싶은 욕망과 지적당하고 싶지 않은 불안감을 갖고 있다. 성장하면서 이렇게 사는 것이 힘들다는 건 알지만 스스로 해 본 경험이 없기에 자신을 드러내는 것 자체를 두려워한다.

이때는 불편의 기준을 정하고 아이 스스로 바꿔 보려는 의지를 보여야 도와줄 수 있다.

"용기를 내 줘서 고맙구나."

아이가 자신을 바꾸려고 용기를 낸다면 하고 싶어 하거나 바꾸고 싶은 것 중에서 구체적이면서, 쉬운 것부터 도전할 수 있도록 한다. 방법은 크게 중요하지 않다. 아이는 자신을 지지해 주는 어른이 옆에 있다는 것만으로도 조금씩 바뀔 것이기 때문이다. 물론 그 변화의 시간은 아이마다 다를 것이다.

나오며

그래도 세상은 살 만한 곳이다

　23년간 교실에서 만났던 많은 아이들 중 기억에 남는 아이들을 꼽아 본다. 아름다웠던 기억을 선물해 준 아이들보다는 가슴 아프고 안타까웠던 아이들이 더 기억에 남았음을 고백한다.

　'누가 가장 기억에 남는 귀염둥이일까?'

　'시간을 초월해 그 귀염둥이들이 지금의 차 샘 반에 모두 모여 있다면 무슨 일이 벌어질까?'

　'과거의 귀염둥이와 현재의 귀염둥이가 만나면 어떤 화학 반응이 일어날까?'

　귀염둥이라면 차 샘에 대해 어떻게 생각했을까를 상상해 봤다. 거기에 차 샘의 생각과 시선을 얹어 써 보았다.

　한 줄 한 줄 지난날을 되살려 썼다. 골머리를 앓아 가며 해결했던 일들이 주마등처럼 스쳐 지나갔다. 글로 옮기며 더 힘들었던 건 힘들었던 기억은 나지만 무엇이 얼마나 힘들었는지 기억나지 않는 순간이었다. 진물이 흐르는 상처가 아니라 딱지 앉아 흉터가 된 기억으론 긴장감 넘쳤던 그 순간의 상황을 다 재현하기 어려웠다. 대신 감정에 젖어 얼룩진 기억이 아니라 오랜 시간이 지나 그 시절에 무엇을 했는지 지금의 상황을 비춰 보면 명징하게 살아났다. 이렇게 기억을 풀어 가며 그때를 돌아보며 느낀 것이 있다.

'아이들 덕분에 내가 살았구나!'

감사함과 함께 애틋함이 밀려왔다.

'괜찮다.'

'잘 하고 있다.'

'그렇게 살아가는 거다.'

왜 그땐 아이들에게 이렇게 말해 주지 않았을까? 아니, 말해 주지 못했을까?

어렸다. 나 역시 미숙하고 어리석었다. 젊음과 패기의 차 샘에서 이제 늙고 쇠약해져 가는 차 샘을 느낀다. 육체의 쇠약과 정신의 성숙이 상반되어 사는 지금 차 샘의 모습 자체가 아이러니다. 귀염둥이들과의 무수히 많은 갈등과 부대낌이 지금의 성숙한 차 샘이 되는 데 큰 자극이 되었다.

귀염둥이들은 교화의 대상이 아니라, 성글고 못난 철부지 차 샘의 또 다른 모습이었다.

마지막 꼭지의 글을 쓰고 난 뒤 물끄러미 창밖을 바라보며 지난날을 떠올린다. 졸업식 날 신이 나서 돌아가던 6학년들을 추억해 보며 나도 모르게 눈시울이 붉어진다.

과거의 기억이지만 지금 가르치는 6학년들과 맞닥뜨릴 미래다. 헤어지는 섭섭함에서 오는 애틋함만이 아니다. 앞으로 펼쳐질 수많은 역경과 고난을 자신의 힘으로 헤쳐 가야 하기 때문이다. 관문은 끊임없이 서 있고, 그 길을 지나기도 쉽지 않음을 안다.

차 샘과 귀염둥이들이 겪었던 수많은 경험은 그 관문과 역경을 지나는 데 큰 힘이 될 거라 믿지만, 힘들어할 아이들을 생각하면 가슴이 아프다.

하지만 잊지 않고 이 말을 전한다.

'애들과 대마왕에게서 살아남은 힘으로 세상을 살아가거라.'

'너희들에겐 또 다른 모습으로 나타날 대마왕이 있을 거야.'

'차 샘을 믿었듯, 또 다른 누군가를 믿으며 살거라.'

'그래도 세상은 살 만한 곳이란다.'

'먼 훗날 우리의 기억이 남아 있으면 그때 다시 만나자.'

"그럼, 안녕!"

대마왕 차 샘과 못 말리는 귀염둥이들